Spis treści

Informacja o prawach autorskich 1
Wprowadzenie do etykiety fotograficznej: poruszanie się po świecie fotografii z szacunkiem 2
Zrozumienie aparatu: podstawy i funkcje 4
Wybór odpowiedniego sprzętu fotograficznego 6
Tryb ręczny masteringu: przysłona, czas otwarcia migawki, ISO i inne 8
Techniki kompozycji: zasada trójpodziału, linie wiodące, kadrowanie 10
Podstawy oświetlenia: światło naturalne a sztuczne 12
Zrozumienie ekspozycji: równoważenie światła i cienia 14
Przechwytywanie ruchu: wskazówki dotyczące fotografowania akcji 16
Fotografia portretowa: pozowanie i komunikacja 18
Fotografia krajobrazowa: znajdowanie idealnego zdjęcia 20
Fotografia makro: odkrywanie szczegółów 22
Fotografia uliczna: etyczne poruszanie się po przestrzeni publicznej 24
Fotografia wydarzeń: uchwycenie chwil z wdziękiem 26
Fotografia architektoniczna: podkreślanie projektu i szczegółów . 28
Fotografia podróżnicza: dokumentowanie swoich przygód 30
Fotografia dzikiej przyrody: pełna szacunku obserwacja i bezpieczeństwo 32
Podstawy edycji: ulepszanie zdjęć 34
Wprowadzenie do oprogramowania do edycji zdjęć 36
Zrozumienie korekcji kolorów i balansu bieli 38
Techniki retuszu: ulepszanie portretów 40
Drukowanie i wyświetlanie zdjęć 44
Tworzenie portfolio fotograficznego 46
Prawa autorskie i własność intelektualna: ochrona Twojej pracy ... 48
Etykieta mediów społecznościowych dla fotografów 50

Tworzenie sieci i współpraca w społeczności fotograficznej............ 52
Szukam informacji zwrotnej i konstruktywnej krytyki................. 54
Wyznaczanie realistycznych celów i kamieni milowych................ 56
Znalezienie swojego stylu fotograficznego i głosu...................... 58
Równowaga między pasją a zyskiem: zamiana hobby w karierę..... 60
Komunikacja z klientem i profesjonalizm................................. 62
Wycena usług fotograficznych... 64
Marketing siebie jako fotografa... 66
Budowanie silnej obecności w Internecie: strona internetowa i media społecznościowe.. 68
Radzenie sobie z odrzuceniem i krytyką z wdziękiem................. 70
Ciągłe uczenie się: warsztaty, kursy i zasoby............................. 72
Pozostań zainspirowany: odkrywanie innych form sztuki............ 74
Konserwacja sprzętu: wskazówki dotyczące czyszczenia i przechowywania... 76
Radzenie sobie z wypaleniem i blokadą twórczą........................ 78
Świętuj swoje postępy i osiągnięcia... 80

Informacja o prawach autorskich

Wszelkie prawa zastrzeżone. Żadna część tej książki nie może być powielana, rozpowszechniana ani przesyłana w jakiejkolwiek formie i w jakikolwiek sposób, w tym poprzez fotokopiowanie, nagrywanie lub innymi metodami elektronicznymi lub mechanicznymi, bez uprzedniej pisemnej zgody wydawcy, z wyjątkiem przypadków dozwolonych przez prawo autorskie.

Wprowadzenie do etykiety fotograficznej: poruszanie się po świecie fotografii z szacunkiem

W porządku, więc masz ten nowy, błyszczący aparat. Nie możesz się doczekać, żeby zrobić niesamowite zdjęcia, ale poczekaj chwilkę! Zanim zaczniesz klikać, porozmawiajmy o czymś bardzo ważnym: etykiecie fotograficznej. Tak, nie chodzi tylko o umiejętność obsługi aparatu; liczy się także to, jak się zachowujesz podczas rejestrowania magicznych chwil.

Na początek porozmawiajmy o poszanowaniu prywatności innych osób. Nie każdy chce, żeby robiono mu zdjęcie, i to jest całkowicie fajne. Zawsze pytaj o pozwolenie, zanim zrobisz komuś zdjęcie, zwłaszcza jeśli jest ono zrobione z bliska i osobiste. A jeśli odmówią, cóż, uszanuj ich wolę i znajdź inny temat.

A teraz przejdźmy do innego istotnego punktu: lokalizacja, lokalizacja, lokalizacja! Uważaj, gdzie fotografujesz. W niektórych miejscach, np. w muzeach lub na terenach prywatnych, mogą obowiązywać szczególne zasady dotyczące fotografii. Zawsze sprawdzaj, czy fotografowanie jest dozwolone i postępuj zgodnie z obowiązującymi wytycznymi. I hej, jeśli robisz zdjęcia na świeżym powietrzu, szanuj także naturę.

Aha, a skoro mowa o okazywaniu szacunku, porozmawiajmy o innych fotografach. Świat jest ogromny i istnieje duże prawdopodobieństwo, że nie tylko Ty próbujesz uchwycić ten niesamowity zachód słońca. Bądź uprzejmy dla innych migawek. Nie blokuj strzałów tej osoby, nie zajmuj najlepszego miejsca, a jeśli przypadkowo zrobisz foto bombę czyjemuś zdjęciu, przeproś i idź dalej.

I na koniec, porozmawiajmy o edytowaniu i udostępnianiu zdjęć. Kuszące jest szaleństwo z filtrami i efektami, ale pamiętaj, że mniej często znaczy więcej. Bądź uczciwy w kwestii swoich zmian, zwłaszcza jeśli udostępniasz je online. I hej, zawsze udzielaj kredytu tam, gdzie jest on należny. Jeśli publikujesz prace innej osoby, upewnij się, że masz jej zgodę i podziękuj jej.

Pamiętaj, że bycie świetnym fotografem to nie tylko umiejętności techniczne; chodzi także o bycie przyzwoitym człowiekiem. Więc wyjdź tam, zrób niesamowite zdjęcia i zawsze pamiętaj, aby szanować ludzi i miejsca wokół siebie.

Zrozumienie aparatu: podstawy i funkcje

W porządku, przejdźmy do szczegółów Twojego aparatu. Jasne, na początku może się to wydawać onieśmielające, ale zaufaj mi, gdy już to opanujesz, w mgnieniu oka zaczniesz pstrykać jak profesjonalista.

Na początek porozmawiajmy o różnych częściach aparatu. Masz korpus, obiektyw, wizjer lub ekran LCD i wszystkie te przyciski i pokrętła. Może się to wydawać dużo do ogarnięcia, ale nie martw się, omówimy to krok po kroku.

Teraz jedną z najważniejszych rzeczy do zrozumienia jest trójkąt ekspozycji: przysłona, czas otwarcia migawki i ISO. Pomyśl o nich jak o świętej trójcy ustawień fotograficznych. Przysłona kontroluje ilość światła wpadającego do obiektywu, czas otwarcia migawki określa, jak długo migawka pozostaje otwarta, a czułość ISO mierzy czułość czujnika aparatu na światło.

Następnie porozmawiajmy o skupianiu się. Większość aparatów ma autofokus, który wykonuje to zadanie za Ciebie, ale zawsze dobrze jest wiedzieć, jak ustawić ostrość ręcznie, na wszelki wypadek. A mówiąc o trybie ręcznym, nie bój się przełączyć na tryb ręczny i przejąć kontrolę nad swoimi ustawieniami. Może to wymagać trochę praktyki, ale warto, jeśli chcesz uzyskać idealnie spersonalizowane ujęcia.

Aha, i nie zapomnij o balansie bieli! Może to zabrzmieć fantazyjnie, ale w zasadzie chodzi po prostu o to, aby kolory wyglądały naturalnie w różnych warunkach oświetleniowych. Większość aparatów ma automatyczny balans bieli, ale można go również dostosować ręcznie, aby uzyskać bardziej precyzyjne rezultaty.

I na koniec, nie zaniedbuj innych funkcji aparatu, takich jak tryby scenerii, style obrazu i tryby fotografowania. Są po to, aby pomóc Ci uzyskać najlepsze możliwe ujęcie w różnych sytuacjach, więc nie bój się eksperymentować i zobaczyć, co będzie dla Ciebie najlepsze.

Oto więc macie, ludzie! Zrozumienie aparatu może na początku wydawać się trudne, ale przy odrobinie praktyki i cierpliwości wkrótce opanujesz przyciski i pokrętła jak profesjonalista. Więc śmiało, wyjdź tam i zacznij pstrykać!

Wybór odpowiedniego sprzętu fotograficznego

Dobra, porozmawiajmy o sprzęcie! Jeśli chodzi o fotografię, posiadanie odpowiedniego sprzętu może zdziałać cuda. Jednak przy tak dużej liczbie dostępnych opcji znalezienie tego, co będzie dla Ciebie najlepsze, może być przytłaczające. Nie martw się jednak, mam cię za plecami.

Na początek porozmawiajmy o kamerach. Zasadniczo istnieją dwa główne typy: lustrzanki cyfrowe i aparaty bezlusterkowe. Lustrzanki cyfrowe to klasyczne, sprawdzone aparaty z mechanizmem lustrzanym w środku, podczas gdy aparaty bezlusterkowe są, cóż, bezlusterkowe. Obydwa rozwiązania mają swoje wady i zalety, więc wszystko zależy od osobistych preferencji i budżetu.

Dalej, soczewki. Ach, soczewki, od czego w ogóle zacząć? Istnieją obiektywy szerokokątne, tele obiektywy, obiektywy stałoogniskowe, obiektywy zmiennoogniskowe... lista jest długa. Ponownie wszystko sprowadza się do tego, co będziesz fotografować i ile jesteś skłonny wydać. Zacznij od wszechstronnego obiektywu, takiego jak standardowy zoom, a następnie możesz dzięki temu rozszerzyć swoją kolekcję.

I nie zapominajmy o dodatkach! Prawdopodobnie będziesz potrzebować solidnego statywu do zdjęć z długim czasem naświetlania, dobrej torby na aparat do ochrony sprzętu i być może filtrów, które poprawią jakość zdjęć. Aha, i nie zapomnij o kartach pamięci i dodatkowych bateriach. Zaufaj mi, nie chcesz, aby zabrakło Ci soku w trakcie strzelania.

Teraz, zanim wyjdziesz i wykorzystasz całą swoją kartę kredytową na najnowszy i najlepszy sprzęt, poświęć chwilę na przemyślenie, czego naprawdę potrzebujesz. Jasne, ten nowy, fantazyjny aparat może być kuszący, ale jeśli dopiero zaczynasz, może lepiej będzie pozostać przy czymś tańszym i uaktualnić go później.

I hej, nie bój się prosić o radę! Niezależnie od tego, czy chodzi o innych fotografów, fora internetowe czy lokalny sklep ze sprzętem fotograficznym, jest mnóstwo osób, które chcą pomóc Ci w podjęciu właściwej decyzji.

Oto więc macie, ludzie! Wybór odpowiedniego sprzętu do aparatu może wydawać się trudnym zadaniem, ale po odrobinie badań i dokładnym rozważeniu będziesz na dobrej drodze do zbudowania idealnego zestawu na wszystkie swoje fotograficzne przygody.

Tryb ręczny masteringu: przysłona, czas otwarcia migawki, ISO i inne

W porządku, zanurzmy się w głąb fotografii i porozmawiajmy o opanowaniu trybu ręcznego. Jasne, na początku może się to wydawać onieśmielające, ale zaufaj mi, gdy już to opanujesz, będziesz się zastanawiać, dlaczego w ogóle polegałeś na trybie automatycznym.

Na początek porozmawiajmy o aperturze. Pomyśl o tym jako o bramie do kontrolowania głębi ostrości. Szersza przysłona (niższa liczba f) zapewni marzycielski, rozmyty efekt tła, idealny do portretów i zdjęć z małej odległości. Z drugiej strony mniejsza przysłona (wyższa liczba f) zapewni większą głębię ostrości, dzięki czemu większa część sceny będzie ostra. Pobaw się różnymi przysłonami, aby zobaczyć, jak wpływają one na Twoje zdjęcia.

Następnie zajmijmy się czasem otwarcia migawki. W tym przypadku chodzi przede wszystkim o uchwycenie ruchu. Długi czas otwarcia migawki zatrzymuje akcję, co doskonale sprawdza się w fotografii sportowej lub dzikiej przyrody, natomiast długi czas otwarcia migawki powoduje rozmycie w ruchu, idealne do fotografowania płynącej wody lub smug świateł samochodowych nocą. Pamiętaj tylko, że im dłużej migawka jest otwarta, tym więcej światła dociera do czujnika, dlatego może być konieczne odpowiednie dostosowanie innych ustawień.

I na koniec porozmawiajmy o ISO. ISO mierzy czułość czujnika aparatu na światło. Niższa czułość ISO (np. 100 lub 200) jest najlepsza w jasne, słoneczne dni, natomiast wyższa czułość ISO (np. 800 lub 1600) jest lepsza w przypadku słabego oświetlenia. Uważaj jednak na wysokie wartości ISO, ponieważ mogą one wprowadzić szum do zdjęć.

Teraz zaczyna się zabawa: składanie tego wszystkiego w całość. Opanowanie trybu ręcznego polega na znalezieniu idealnej równowagi pomiędzy przysłoną, czasem otwarcia migawki i czułością ISO dla każdego zdjęcia. Może to wymagać trochę praktyki, ale zaufaj mi, warto ze względu na poziom kontroli i kreatywności, jaki zapewnia.

Aha i jeszcze jedno: nie zapomnij o balansie bieli! Może nie wydawać się tak efektowne jak inne ustawienia, ale prawidłowe ustawienie balansu bieli może mieć ogromny wpływ na ogólny wygląd zdjęć.

Oto więc macie, ludzie! Opanowanie trybu ręcznego polega na zrozumieniu, w jaki sposób przysłona, czas otwarcia migawki, czułość ISO i balans bieli współdziałają, aby zapewnić idealną ekspozycję. Więc śmiało, wyłącz tryb automatyczny i zacznij eksperymentować! Będziesz zaskoczony, co możesz osiągnąć, gdy przejmiesz kontrolę nad aparatem.

Techniki kompozycji: zasada trójpodziału, linie wiodące, kadrowanie

W porządku, wykażmy się kreatywnością i porozmawiajmy o technikach komponowania. Kompozycja jest jak sekretny sos, który może zamienić dobre zdjęcie w świetne. Na szczęście dla Ciebie istnieje kilka sprawdzonych technik, które pomogą Ci przenieść Twoje kompozycje na wyższy poziom.

Po pierwsze, mamy zasadę trójpodziału. Ten to klasyk. Wyobraź sobie, że dzielisz ramkę na dziewięć równych części za pomocą dwóch linii poziomych i dwóch pionowych. Zasada trójpodziału sugeruje, że umieszczenie obiektu wzdłuż tych linii lub w punktach ich przecięcia może stworzyć bardziej atrakcyjną wizualnie kompozycję. Chodzi o dodanie równowagi i zainteresowania do Twojego ujęcia.

Następnie porozmawiajmy o liniach wiodących. Linie wiodące są dokładnie tym, na co wyglądają: liniami na zdjęciu, które kierują wzrok widza w stronę głównego obiektu. Linie te mogą oznaczać wszystko, od dróg i ścieżek po płoty i gałęzie drzew. Używając linii wiodących, możesz poprowadzić wzrok widza przez zdjęcie i stworzyć wrażenie głębi i ruchu.

Na koniec porozmawiajmy o kadrowaniu. Kadrowanie polega na użyciu elementów sceny w celu wykadrowania obiektu i zwrócenia na niego uwagi. Może to być wszystko, od naturalnej ramy, takiej jak łuk lub okno, po sztuczną ramę, taką jak drzwi lub rama obrazu. Kadrując obiekt, możesz dodać kontekst i zainteresowanie wizualne do zdjęcia, pomagając jednocześnie skierować uwagę widza.

A teraz zabawna część: połączenie tych technik w celu stworzenia naprawdę efektownych kompozycji. Spróbuj umieścić obiekt poza środkiem, stosując zasadę trójpodziału, następnie użyj linii wiodących, aby skierować na niego wzrok widza, a na koniec wykadruj całą scenę, aby dodać głębi i kontekstu. Eksperymentuj z różnymi kombinacjami i zobacz, która najlepiej pasuje do Twoich zdjęć.

Oto więc macie, ludzie! Techniki komponowania, takie jak zasada trójpodziału, linie wiodące i kadrowanie, to potężne narzędzia, które pomogą Ci przenieść fotografię na wyższy poziom. Więc śmiało, wyjdź i zacznij komponować te arcydzieła!

Podstawy oświetlenia: światło naturalne a sztuczne

Rzućmy trochę światła na znaczenie oświetlenia w fotografii. Niezależnie od tego, czy fotografujesz portrety, krajobrazy, czy cokolwiek pomiędzy, zrozumienie, jak pracować z różnymi rodzajami światła, może znacząco zmienić Twoje zdjęcia.

Na początek porozmawiajmy o świetle naturalnym. Ach, naturalne światło, najlepszy przyjaciel fotografa (przez większość czasu). Światło naturalne oznacza każde źródło światła, które nie jest sztuczne, takie jak słońce czy księżyc. Jest dynamiczny, ciągle się zmienia i może stworzyć naprawdę oszałamiające efekty. Fotografując w plenerze, zwracaj uwagę na jakość światła o różnych porach dnia. Wczesny poranek i późne popołudnie, często nazywane złotymi godzinami, mogą rzucać ciepłą, delikatną poświatę, idealną do portretów i krajobrazów. Z drugiej strony, południowe słońce może być ostre i niepochlebne, rzucając głębokie cienie i rozjaśniając światła. Pochmurne dni zapewniają miękkie, równomierne oświetlenie, które doskonale nadaje się do portretów i makrofotografii. I nie zapomnij o zmierzchu, tym magicznym czasie tuż przed wschodem lub po zachodzie słońca, kiedy niebo wypełnia się bogatymi, kolorowymi barwami.

Porozmawiajmy teraz o sztucznym świetle. Sztuczne światło oznacza każde źródło światła, które jest sztuczne, takie jak lampy, lampy błyskowe lub oświetlenie studyjne. W przeciwieństwie do światła naturalnego, światło sztuczne jest spójne i można je kontrolować, dzięki czemu idealnie nadaje się do sesji zdjęciowych w pomieszczeniach lub w sytuacjach, w których potrzebna jest większa kontrola nad warunkami oświetleniowymi. Na przykład oświetlenie studyjne można dostosować tak, aby tworzyło miękkie, rozproszone lub ostre, dramatyczne światło, w zależności od pożądanego efektu. Nie lekceważ też mocy starej, dobrej lampy biurkowej lub latarki, która pozwala na tworzenie ciekawych efektów świetlnych na zdjęciach.

Zatem co jest lepsze – światło naturalne czy sztuczne? Cóż, to zależy od sytuacji. Naturalne światło jest piękne i wszechstronne, ale jest też nieprzewidywalne i praca z nim może być trudna w pewnych warunkach. Sztuczne światło natomiast jest spójne i kontrolowane, ale może też być bardziej czasochłonne i wymagać dodatkowego wyposażenia. Ostatecznie najlepsze światło to takie, które pomaga uzyskać pożądany wygląd zdjęć, więc nie bój się eksperymentować zarówno ze światłem naturalnym, jak i sztucznym, aby zobaczyć, co będzie dla Ciebie najlepsze.

Oto więc macie, ludzie! Oświetlenie jest kluczowym elementem fotografii, niezależnie od tego, czy pracujesz ze światłem naturalnym, sztucznym, czy też kombinacją obu. Dlatego zwracaj uwagę na otaczające Cię światło, eksperymentuj z różnymi technikami oświetleniowymi i nie bój się wykazać się kreatywnością!

Zrozumienie ekspozycji: równoważenie światła i cienia

W porządku, rzućmy trochę światła na ekspozycję – gra słów zamierzona! Ekspozycja polega na znalezieniu idealnej równowagi między światłem i cieniem na zdjęciach. Zrób to dobrze, a Twoje obrazy będą śpiewać. Źle to zrozumiesz i powiedzmy, że Twoje zdjęcia mogą nie wyglądać tak, jak tego oczekiwałeś.

Na początek porozmawiajmy o podstawach. Ekspozycja zależy od trzech głównych czynników: przysłony, czasu otwarcia migawki i ISO. Przysłona kontroluje ilość światła przechodzącego przez obiektyw, czas otwarcia migawki określa, jak długo czujnik aparatu jest wystawiony na działanie światła, a czułość ISO mierzy czułość czujnika aparatu na światło. Zrozumienie współdziałania tych trzech elementów jest kluczem do uzyskania dobrze naświetlonych zdjęć.

Porozmawiajmy teraz o równoważeniu światła i cienia. Celem jest uchwycenie szczegółów zarówno w najjaśniejszych światłach, jak i najciemniejszych cieniach sceny. Może to być trudne, szczególnie w sytuacjach o dużym kontraście, takich jak słoneczny dzień z głębokimi cieniami, ale przy odrobinie praktyki i wiedzy możesz sobie z tym poradzić.

Jedną z technik równoważenia światła i cienia jest kompensacja ekspozycji. Większość aparatów ma funkcję umożliwiającą ręczną regulację ekspozycji w celu rozjaśnienia lub przyciemnienia zdjęć. Jeśli scena jest zbyt jasna i tracisz szczegóły w najjaśniejszych obszarach, pomocne może być zmniejszenie ekspozycji. I odwrotnie, jeśli scena jest zbyt ciemna i tracisz szczegóły w cieniach, zwiększenie ekspozycji może wydobyć więcej szczegółów.

Inną techniką jest fotografia HDR (High Dynamic Range). HDR polega na wykonaniu wielu ekspozycji tej samej sceny przy różnych poziomach ekspozycji, a następnie połączeniu ich w przetwarzaniu końcowym w celu utworzenia pojedynczego obrazu zawierającego szczegóły zarówno w światłach, jak i cieniach. Jest nieco bardziej zaawansowany i wymaga dodatkowego oprogramowania, ale może być potężnym narzędziem do przechwytywania scen o szerokim zakresie poziomów jasności.

Nie zapominajmy też o wykorzystaniu na swoją korzyść światła naturalnego lub sztucznego. Czasami wystarczy dobrze umieszczony reflektor lub strategicznie umieszczona lampa błyskowa, aby wypełnić te nieznośne cienie i zrównoważyć ekspozycję.

Oto więc macie, ludzie! Równoważenie światła i cienia polega na zrozumieniu ekspozycji i zastosowaniu technik takich jak kompensacja ekspozycji, fotografia HDR i oświetlenie strategiczne, aby uchwycić szczegóły zarówno w najjaśniejszych światłach, jak i najciemniejszych cieniach sceny. Zatem śmiało, eksperymentuj z różnymi technikami i zobacz, która sprawdza się najlepiej w przypadku Twoich zdjęć!

Przechwytywanie ruchu: wskazówki dotyczące fotografowania akcji

Dobra, przejdźmy do rzeczy i porozmawiajmy o fotografii akcji! Niezależnie od tego, czy fotografujesz sportowców podczas zawodów, czy dziką przyrodę w ich naturalnym środowisku, opanowanie sztuki rejestrowania ruchu może przenieść Twoje zdjęcia na wyższy poziom.

Na początek porozmawiajmy o czasie otwarcia migawki. Jeśli chodzi o fotografię akcji, najlepszym przyjacielem jest krótki czas otwarcia migawki. Pozwala zamrozić ruch i uchwycić ułamki sekund z przejrzystością i precyzją. W przypadku większości ujęć akcji należy używać czasu otwarcia migawki co najmniej 1/500 sekundy lub krótszego. Dzięki temu obiekty będą ostre i ostre, nawet gdy poruszają się z dużą prędkością.

Następnie porozmawiajmy o śledzeniu obiektu. Jest to szczególnie ważne podczas fotografowania szybko poruszających się obiektów, takich jak samochody, sportowcy czy dzika przyroda. Utrzymuj punkt ostrości aparatu na obiekcie i płynnie przesuwaj obiekt w miarę jego ruchu. Pomoże to zachować ostrość i ostrość obiektu, a jednocześnie rozmyje tło, tworząc wrażenie prędkości i ruchu na zdjęciach.

A skoro mowa o tle, zwróć uwagę na to, co kryje się za fotografowanym obiektem. Zaśmiecone lub rozpraszające tło może osłabić efekt ujęcia akcji. Poszukaj czystego, uporządkowanego tła, które pozwoli Twojemu obiektowi wyróżnić się i zająć centralne miejsce.

Porozmawiajmy teraz o kadrowaniu i kompozycji. Fotografując akcję, spróbuj przewidzieć ruch obiektu i odpowiednio się ustaw. Użyj linii wiodących lub zasady trójpodziału, aby stworzyć dynamiczne kompozycje, które przyciągną wzrok widza do akcji. Nie bój się eksperymentować z różnymi kątami i perspektywami, aby uchwycić wyjątkowe i interesujące ujęcia.

I na koniec, nie zapomnij o czasie. W fotografii akcji najważniejszy jest czas. Trzymaj palec na przycisku migawki i bądź gotowy, aby uchwycić decydujący moment, gdy on się pojawi. Czasami zrobienie idealnego zdjęcia zajmuje tylko ułamek sekundy, więc bądź cierpliwy i skoncentruj się.

Oto więc macie, ludzie! Uchwycenie ruchu polega na użyciu krótkiego czasu otwarcia migawki, śledzeniu obiektu, zwracaniu uwagi na tło, skutecznym kadrowaniu ujęcia i odpowiednim czasie zwolnienia migawki. Więc chwyć aparat, wyjdź i zacznij uwieczniać te pełne akcji chwile!

Fotografia portretowa: pozowanie i komunikacja

Zanurzmy się w świat fotografii portretowej, gdzie kluczowe jest uchwycenie istoty fotografowanego obiektu. Pozowanie i komunikacja odgrywają kluczową rolę w tworzeniu oszałamiających portretów, które naprawdę przemawiają do widzów.

Na początek porozmawiajmy o pozowaniu. Pozowanie może zmienić lub zepsuć portret, dlatego ważne jest, aby ustawić fotografowaną osobę w pochlebnej i naturalnej pozycji. Zacznij od sprawienia, by obiekt czuł się komfortowo i zrelaksowany. Zachęć je, aby stały lub siedziały w sposób, który wydaje im się naturalny, unikając sztywnych lub niezręcznych pozycji. Zwracaj uwagę na mowę ciała i mimikę dziecka oraz w razie potrzeby dokonuj subtelnych zmian, aby poprawić jego postawę i ogólny wygląd.

Jeśli chodzi o pozowanie, mniej często znaczy więcej. Zamiast sztywno pozować obiekt, skup się na uchwyceniu jego osobowości i charakteru. Zachęć je do interakcji z otoczeniem, czy to poprzez ruch, ekspresję czy gesty. Szczere chwile często dają najbardziej autentyczne i fascynujące portrety, więc nie bój się pozwolić, aby osobowość fotografowanej osoby zabłysła.

Komunikacja to kolejny kluczowy aspekt fotografii portretowej. Budowanie relacji z fotografowaną osobą jest kluczem do stworzenia relaksującej i przyjemnej atmosfery podczas sesji. Poświęć trochę czasu na poznanie tematu, zapytaj o jego zainteresowania i pasje oraz wysłuchaj jego pomysłów i preferencji. Nawiązanie zaufania i porozumienia nie tylko sprawi, że fotografowana osoba poczuje się bardziej komfortowo przed aparatem, ale także umożliwi wykonanie bardziej autentycznych i znaczących portretów.

Podczas sesji komunikuj się jasno i efektywnie z fotografowaną osobą. W razie potrzeby zaoferuj delikatne wskazówki i wskazówki, przekazując informacje zwrotne i zachętę, aby pomóc dziecku poczuć się pewnie i swobodnie. Bądź otwarty na współpracę i eksperymenty, pozwalając fotografowanej osobie na kreatywne wyrażanie siebie i wnoszenie własnych pomysłów do sesji.

Na koniec, nie zapomnij o utrzymywaniu otwartej komunikacji nawet po zakończeniu sesji zdjęciowej. Podziel się swoją wizją i pomysłami z obiektem i poproś go o opinię na temat ostatecznych zdjęć. Budowanie relacji opartej na współpracy z fotografowaną osobą może w dłuższej perspektywie skutkować stworzeniem bardziej satysfakcjonujących i efektownych portretów.

Oto więc macie, ludzie! Fotografia portretowa to coś więcej niż tylko uchwycenie podobieństwa – to nawiązanie kontaktu z obiektem na głębszym poziomie i stworzenie zdjęć odzwierciedlających jego wyjątkową osobowość i ducha. Chwyć więc za aparat, buduj więź z fotografowaną osobą i pozwól, aby jej istota przejawiła się na Twoich portretach.

Fotografia krajobrazowa: znajdowanie idealnego zdjęcia

Wyruszmy w podróż po świecie fotografii krajobrazowej, gdzie naszym ostatecznym celem jest uchwycenie piękna natury. Znalezienie idealnego zdjęcia wśród rozległych krajobrazów wymaga cierpliwości, kreatywności i dbałości o szczegóły.

Po pierwsze, kluczowe znaczenie ma rozpoznanie lokalizacji. Eksploruj różne obszary, zarówno znane, jak i nowe, aby odkryć wyjątkowe krajobrazy, które Cię inspirują. Planując sesję zdjęciową, weź pod uwagę takie czynniki, jak oświetlenie, warunki pogodowe i pora dnia. Wschody i zachody słońca często zapewniają najbardziej oszałamiające oświetlenie w fotografii krajobrazowej, rzucając ciepłe, złote odcienie na krajobraz i tworząc dramatyczne cienie i światła.

Po znalezieniu lokalizacji poświęć trochę czasu na zbadanie miejsca zdarzenia i zidentyfikowanie potencjalnych punktów skupienia. Poszukaj interesujących elementów, takich jak formacje skalne, drzewa, wodospady lub kręte ścieżki, które mogą służyć jako wizualne punkty zaczepienia w Twojej kompozycji. Weź pod uwagę elementy pierwszego planu, środka i tła, aby stworzyć głębię i wymiar na swoich zdjęciach.

Kompozycja ma kluczowe znaczenie w fotografii krajobrazowej. Eksperymentuj z różnymi technikami, takimi jak zasada trójpodziału, linie wiodące i kadrowanie, aby stworzyć atrakcyjne wizualnie kompozycje. Zwróć uwagę na równowagę elementów w kadrze i staraj się stworzyć na swoich zdjęciach poczucie harmonii i równowagi.

Nie bój się kreatywnie wykorzystywać swoich perspektyw. Eksperymentuj z różnymi kątami, wysokościami i punktami widzenia, aby znaleźć najbardziej urzekającą kompozycję. Czasami zejście nisko lub wspięcie się na wyższy poziom może całkowicie zmienić scenę i zapewnić świeżą perspektywę.

Cierpliwość jest cnotą w fotografii krajobrazowej. Matka Natura nie zawsze współpracuje, więc przygotuj się na poczekanie na idealny moment na zrobienie zdjęcia. Zachowaj cierpliwość i spostrzegawczość oraz bądź gotowy na wykorzystanie okazji, gdy światło i warunki będą odpowiednie.

Na koniec, nie zapomnij zanurzyć się w chwili i połączyć się z pięknem krajobrazu. Pozwól sobie być obecnym i w pełni doświadczyć budzących podziw cudów natury. Twoja pasja i uznanie dla krajobrazu będą widoczne na Twoich zdjęciach, tworząc obrazy, które przemawiają do widzów na głębszym poziomie.

A więc gotowe, poszukiwacze przygód! Fotografia krajobrazowa polega na uchwyceniu piękna natury, odkrywaniu nowych horyzontów i uchwyceniu magii otaczającego nas świata. Chwyć więc aparat, wyrusz w plener i pozwól, aby krajobrazy zainspirowały Twoją kreatywność.

Fotografia makro: odkrywanie szczegółów

Wyruszmy w podróż do fascynującego świata makrofotografii, gdzie nawet najdrobniejsze szczegóły stają się niezwykłe. Makrofotografia pozwala nam odkrywać zawiłe piękno otaczającego nas świata, rejestrując obiekty z bliska i ujawniając oszałamiające szczegóły, które w innym przypadku mogłyby pozostać niezauważone.

Na początek porozmawiajmy o sprzęcie. Do robienia wyraźnych i szczegółowych zdjęć małych obiektów niezbędny jest dedykowany obiektyw makro. Soczewki te zostały zaprojektowane tak, aby ustawiać ostrość z małych odległości i zapewniać wysoki poziom powiększenia, co pozwala uchwycić nawet najmniejsze szczegóły z przejrzystością i precyzją. Jeśli nie masz obiektywu makro, możesz użyć rurek przedłużających lub filtrów zbliżeniowych, aby uzyskać rezultaty zbliżone do makro przy użyciu istniejącego obiektywu.

Oświetlenie to kolejny kluczowy aspekt makrofotografii. Ponieważ będziesz pracować z małymi obiektami i z małych odległości, nawet niewielkie ruchy mogą spowodować rozmycie obrazu. Aby zapewnić ostre i wyraźne zdjęcia, użyj statywu do stabilizacji aparatu i zdalnego wyzwalania migawki lub samowyzwalacza, aby zminimalizować drgania aparatu. Rozważ użycie rozproszonego lub pośredniego oświetlenia, aby złagodzić ostre cienie i podkreślić skomplikowane szczegóły fotografowanego obiektu.

Jeśli chodzi o kompozycję, myśl nieszablonowo. Poznaj różne kąty, perspektywy i techniki kadrowania, aby stworzyć atrakcyjne wizualnie obrazy. Eksperymentuj z małą głębią ostrości, aby wyizolować obiekt i stworzyć wrażenie głębi i wymiaru na swoich zdjęciach. Zwróć uwagę na wzory, tekstury i kształty w fotografowanym obiekcie i poszukaj możliwości uwypuklenia tych szczegółów w swojej kompozycji.

Cierpliwość jest kluczem do makrofotografii. Małe obiekty mogą być nieuchwytne i nieprzewidywalne, więc przygotuj się na poświęcenie czasu na obserwację i czekanie na idealny moment na zrobienie zdjęcia. Nie spiesz się, aby poznać zawiłości fotografowanego obiektu, eksperymentując z różnymi kompozycjami i perspektywami, aż znajdziesz idealną równowagę formy i szczegółów.

I nie zapomnij o dobrej zabawie! Fotografia makro oferuje nieograniczone możliwości eksploracji i odkryć, pozwalając zobaczyć świat w zupełnie nowy sposób. Podejmij wyzwanie, jakim jest uchwycenie piękna małych obiektów i pozwól, aby Twoja kreatywność wzniosła się w górę.

A więc gotowe, poszukiwacze przygód! Fotografia makro zaprasza do odkrywania szczegółów otaczającego nas świata, odkrywając ukryte piękno w najmniejszych obiektach. Chwyć więc aparat, wyrusz w podróż do mikrokosmosu i pozwól, aby zawiłe szczegóły zainspirowały Twoją kreatywność.

Fotografia uliczna: etyczne poruszanie się po przestrzeni publicznej

Wyjdźmy na ulice i odkryjmy tętniący życiem świat fotografii ulicznej, gdzie w każdym zakątku kryje się historia czekająca na opowiedzenie. Zanim jednak zajmiemy się uchwyceniem szczerych chwil w przestrzeni publicznej, ważne jest, aby wziąć pod uwagę etyczne implikacje i obowiązki związane z tym gatunkiem fotografii.

Przede wszystkim szanuj prywatność i godność swoich poddanych. Fotografując ludzi w miejscach publicznych, zawsze zadawaj sobie pytanie, czy Twoja obecność i aparat mogą sprawić, że poczują się niekomfortowo lub naruszą ich prywatność. Jeśli ktoś wyraża dyskomfort lub wyraźnie prosi, aby nie robić mu zdjęć, uszanuj jego wolę i idź dalej. Pamiętaj, że ludzie nie są rekwizytami ani przedmiotami do Twoich zdjęć – to jednostki z własnym życiem i historiami.

Należy pamiętać o wrażliwości kulturowej i normach społecznych. Różne kultury mają różne podejście do fotografii i to, co może być akceptowalne w jednym kontekście, może być obraźliwe lub natrętne w innym. Poświęć trochę czasu na zapoznanie się z normami kulturowymi i społecznymi społeczności, które fotografujesz, i podchodź do fotografowanych obiektów z wrażliwością i szacunkiem.

Weź pod uwagę kontekst, w którym fotografujesz. Przestrzenie publiczne są przestrzeniami wspólnymi i każdy ma prawo czuć się bezpiecznie i komfortowo w swoim otoczeniu. Bądź świadomy swojego otoczenia i tego, jak Twoja obecność może wpłynąć na ludzi wokół Ciebie. Unikaj fotografowania wrażliwych lub bezbronnych osób bez ich zgody i zawsze pamiętaj o potencjalnych konsekwencjach swoich działań.

Bądź przejrzysty w kwestii swoich intencji jako fotografa. Jeśli ktoś zapyta, co robisz lub dlaczego robisz mu zdjęcie, odpowiedz szczerze i z szacunkiem. Budowanie zaufania i relacji z fotografowanymi obiektami może znacząco pomóc w tworzeniu autentycznej i znaczącej fotografii ulicznej. Na koniec rozważ etyczne konsekwencje udostępniania zdjęć. Zadaj sobie pytanie, czy Twoje zdjęcia dokładnie przedstawiają fotografowane osoby i społeczności oraz czy udostępnianie ich służy uzasadnione mu celowi. Pamiętaj o potencjalnym wpływie, jaki Twoje zdjęcia mogą mieć na życie fotografowanych osób, i zawsze uzyskaj zgodę przed udostępnieniem zdjęć możliwych do zidentyfikowania osób.

Podsumowując, fotografia uliczna to coś więcej niż tylko robienie fascynujących zdjęć – to etyczne i odpowiedzialne poruszanie się po przestrzeni publicznej, poszanowanie godności i prywatności fotografowanych osób oraz używanie aparatu jako narzędzia do opowiadania historii i tworzenia więzi. Wyjdź więc na ulice z empatią, ciekawością i szacunkiem i pozwól, aby historię miasta rozwinęły się przed Twoim obiektywem.

Fotografia wydarzeń: uchwycenie chwil z wdziękiem

Wejdźmy do dynamicznego świata fotografii eventowej, gdzie każde kliknięcie migawki może zatrzymać chwilę w czasie i zachować cenne wspomnienia. Niezależnie od tego, czy jest to ślub, przyjęcie urodzinowe czy impreza firmowa, fotografia eventowa polega na uchwyceniu istoty i atmosfery okazji z wdziękiem i finezją.

Przede wszystkim do każdego wydarzenia podchodź pozytywnie i profesjonalnie. Jako fotograf wydarzeń nie jesteś tylko dokumentalistą; jesteś także gawędziarzem, którego zadaniem jest uchwycenie emocji, interakcji i wyjątkowych chwil, które rozgrywają się podczas wydarzenia. Bądź przygotowany na przystosowanie się do różnych sytuacji i środowisk i zawsze staraj się zachować spokojną i opanowaną postawę, nawet pośród chaosu.

Komunikacja jest kluczem w fotografii eventowej. Przed rozpoczęciem wydarzenia poświęć trochę czasu na spotkanie z klientami lub organizatorami wydarzenia, aby omówić ich oczekiwania, preferencje i konkretne ujęcia, które chcą uchwycić. Ustanowienie jasnych linii komunikacji i zrozumienia sprawi, że będziesz w stanie dostarczyć zdjęcia, które spełnią ich potrzeby, a nawet przekroczą ich oczekiwania.

Podczas wydarzenia bądź proaktywny i zaangażowany. Przewiduj kluczowe momenty i bądź gotowy na uchwycenie ich, gdy tylko się pojawią. Szukaj szczerych interakcji, prawdziwych emocji i spontanicznych chwil radości lub świętowania. Nie bój się wykazać kreatywnością w zakresie kompozycji i perspektyw, ale zawsze traktuj priorytetowo uchwycenie na zdjęciach istoty i atmosfery wydarzenia.

Szanuj granice i prywatność swoich obiektów. Uchwycenie autentycznych i szczerych chwil jest ważne, ale równie ważne jest robienie tego z poszanowaniem godności i prywatności fotografowanych osób. Unikaj wtrącania się w intymne lub osobiste chwile i zawsze uzyskaj zgodę przed wykonaniem zbliżeń lub ujęcia konkretnych osób.

Po wydarzeniu poświęć trochę czasu na dokładne selekcjonowanie i edytowanie zdjęć. Wybierz najlepsze zdjęcia, które opowiadają historię wydarzenia i pokazują emocje i najważniejsze wydarzenia dnia. Zwróć uwagę na korekcję kolorystyczną, ekspozycję i kompozycję, aby mieć pewność, że Twoje zdjęcia są najwyższej jakości i oddają ducha wydarzenia.

Podsumowując, fotografia eventowa to coś więcej niż tylko robienie zdjęć – to uchwycenie chwil z wdziękiem, wrażliwością i profesjonalizmem. Podchodząc do każdego wydarzenia z empatią, komunikacją i szacunkiem dla fotografowanych osób, będziesz w stanie stworzyć zdjęcia, które nie tylko dokumentują tę okazję, ale także zachowują wspomnienia i emocje, które czynią ją wyjątkową.

Fotografia architektoniczna: podkreślanie projektu i szczegółów

Witamy w świecie fotografii architektonicznej, gdzie każdy budynek opowiada historię, a każdy szczegół świadczy o kreatywności i wizji jego projektanta. Celem fotografii architektonicznej jest uchwycenie piękna, formy i funkcjonalności budynków w sposób podkreślający ich niepowtarzalny design i detale.

Przede wszystkim poświęć trochę czasu na przestudiowanie i zrozumienie architektury, którą fotografujesz. Zwróć uwagę na linie, kształty i fakturę budynku, a także na jego ogólną estetykę i przeznaczenie. Weź pod uwagę zamierzenia architekta i kontekst, w jakim projektowano budynek, i staraj się uchwycić te elementy na swoich zdjęciach.

Oświetlenie odgrywa kluczową rolę w fotografii architektury. Planując sesję zdjęciową, zwróć uwagę na kierunek i jakość światła, a także porę dnia. Miękkie, rozproszone światło może pomóc uwypuklić szczegóły i fakturę budynku, podczas gdy ostre, bezpośrednie światło może stworzyć dramatyczne cienie i kontrasty. Eksperymentuj z różnymi warunkami oświetleniowymi, aby znaleźć najbardziej atrakcyjne i efektowne efekty dla swoich zdjęć.

Kompozycja jest kluczem w fotografii architektury. Poszukaj interesujących kątów, perspektyw i punktów obserwacyjnych, które pokażą budynek w najlepszym świetle. Rozważ użycie linii wiodących, symetrii i technik kadrowania, aby stworzyć dynamiczne i atrakcyjne wizualnie kompozycje. Dbaj o równowagę i symetrię elementów budynku, staraj się tworzyć kompozycje, które będą zarówno estetyczne, jak i stymulujące intelektualnie.

Fotografując detale architektoniczne, nie bój się podejść do nich z bliska. Powiększ skomplikowane wzory, tekstury i materiały, aby uchwycić niepowtarzalny charakter i kunszt budynku. Szukaj okazji do uwypuklenia interesujących elementów, takich jak okna, drzwi, kolumny i fasady, a także eksperymentuj z różnymi ogniskowymi i przysłonami, aby uzyskać głębię i wymiar na swoich zdjęciach.

I na koniec nie zapomnij o post-processingu. Użyj oprogramowania do edycji, aby dostroić obrazy, dostosowując balans kolorów, kontrast i ekspozycję, aby uwydatnić piękno i wpływ architektury. Zwróć uwagę na szczegóły, takie jak korekta perspektywy i zniekształcenie obiektywu, i staraj się uzyskać czyste, wypolerowane wykończenie, które podkreśla projekt architektoniczny i szczegóły.

Podsumowując, fotografia architektoniczna to coś więcej niż tylko robienie zdjęć budynków – chodzi o uchwycenie istoty i ducha architektury w sposób podkreślający jej piękno, formę i funkcjonalność. Zwracając uwagę na oświetlenie, kompozycję i szczegóły oraz podchodząc do każdego budynku z ciekawością, kreatywnością i szacunkiem, będziesz w stanie stworzyć zdjęcia, które nie tylko dokumentują architekturę, ale także celebrują jej wyjątkowy charakter i znaczenie.

Fotografia podróżnicza: dokumentowanie swoich przygód

Witamy w ekscytującym świecie fotografii podróżniczej, gdzie każdy cel to nowa szansa na uchwycenie piękna, kultury i ducha odwiedzanych miejsc. Niezależnie od tego, czy odkrywasz egzotyczne krajobrazy, zanurzasz się w tętniących życiem miastach, czy poznajesz nowe kultury, fotografia podróżnicza pozwala dokumentować Twoje przygody i dzielić się doświadczeniami ze światem.

Przede wszystkim zanurz się w chwili i poczuj ducha przygody. Fotografia podróżnicza to nie tylko robienie zdjęć – to opowiadanie historii i uchwycenie istoty podróży. Bądź ciekawy, otwarty i chętny do odkrywania nowych miejsc i kultur z poczuciem zachwytu i ekscytacji.

Planując swoje fotograficzne przygody, poświęć trochę czasu na zbadanie miejsc docelowych i zidentyfikowanie kluczowych punktów zainteresowania. Weź pod uwagę kultowe zabytki, cuda natury i atrakcje kulturalne, które chcesz sfotografować, a także ukryte perełki i lokalizacje na uboczu, które oferują wyjątkowe możliwości eksploracji i odkryć.

Oświetlenie ma kluczowe znaczenie w fotografii podróżniczej. Planując zdjęcia, zwróć uwagę na jakość i kierunek światła, a także porę dnia. Wczesny poranek i późne popołudnie są często nazywane złotymi godzinami, ponieważ zapewniają miękkie, ciepłe światło, idealne do fotografii. Nie bój się jednak eksperymentować z różnymi warunkami oświetleniowymi i technikami fotografowania, aby uchwycić nastrój i atmosferę każdego miejsca.

Kompozycja ma kluczowe znaczenie w fotografii podróżniczej. Poszukaj interesujących kątów, perspektyw i punktów obserwacyjnych, które ukazują piękno i wyjątkowość Twojego otoczenia. Użyj linii wiodących, symetrii i technik kadrowania, aby stworzyć atrakcyjne wizualnie kompozycje, które przyciągną wzrok widza do sceny.

Nie zapomnij uchwycić małych chwil i szczegółów, które sprawiają, że każde miejsce docelowe jest wyjątkowe. Niezależnie od tego, czy jest to lokalny targ uliczny, kolorowy mural uliczny, czy tradycyjna ceremonia kulturalna, te małe chwile często mogą opowiedzieć najbardziej fascynujące historie i wywołać najsilniejsze emocje na Twoich zdjęciach.

Wreszcie, nie bój się eksperymentować i baw się swoimi zdjęciami. Fotografia podróżnicza polega na chwytaniu nieoczekiwanego i chwytaniu chwili, więc nie bój się wychodzić ze swojej strefy komfortu i próbować nowych rzeczy. Zaufaj swojemu instynktowi, podążaj za swoją pasją i pozwól swojej kreatywności kierować się podczas dokumentowania swoich przygód i dzielenia się swoimi historiami ze światem.

Podsumowując, fotografia podróżnicza to coś więcej niż tylko robienie zdjęć – to uchwycenie magii Twoich przygód i dzielenie się swoimi doświadczeniami z innymi. Zanurzając się w chwili, przyjmując ducha przygody i podchodząc do każdego celu z ciekawością, kreatywnością i szacunkiem, będziesz w stanie tworzyć zdjęcia, które nie tylko dokumentują Twoje podróże, ale także inspirują innych do odkrywania otaczającego ich świata.

Fotografia dzikiej przyrody: pełna szacunku obserwacja i bezpieczeństwo

Witamy w ekscytującym świecie fotografii dzikiej przyrody, gdzie każde spotkanie z naturą jest szansą na uchwycenie piękna i majestatu królestwa zwierząt. Jednak z wielkimi możliwościami wiążą się wielkie obowiązki, szczególnie jeśli chodzi o poszanowanie dzikiej przyrody i zapewnienie własnego bezpieczeństwa.

Przede wszystkim traktuj priorytetowo dobro i bezpieczeństwo fotografowanych zwierząt. Pamiętaj, że jesteś gościem w ich naturalnym środowisku i Twoja obecność nie powinna powodować dla nich niepotrzebnego stresu ani krzywdy. Zachowaj bezpieczną odległość od dzikich zwierząt i unikaj ich niepokojenia i prowokowania w jakikolwiek sposób. Użyj teleobiektywu, aby uchwycić zbliżenia z dużej odległości bez zakłócania przestrzeni.

Bądź cierpliwy i uważny. Fotografowanie dzikiej przyrody wymaga czasu i cierpliwości, a także wyczucia szczegółów i zachowania. Poświęć trochę czasu na obserwację obiektów z dystansu i poznaj ich nawyki i rutynę. Szukaj okazji do uchwycenia naturalnych zachowań i interakcji, zamiast próbować inscenizować lub manipulować sceną.

Szanuj obszary chronione i przepisy dotyczące dzikiej przyrody. Wiele siedlisk przyrodniczych jest chronionych prawem, a niepokojenie lub wyrządzanie krzywdy dzikiej przyrodzie na tych obszarach może skutkować poważnymi konsekwencjami. Zapoznaj się z lokalnymi przepisami i wytycznymi dotyczącymi fotografowania dzikiej przyrody i zawsze przestrzegaj ich co do joty.

Praktykuj etyczne techniki fotograficzne. Unikaj używania przynęty, zawołań lub innych metod przyciągania dzikich zwierząt lub manipulowania nimi na potrzeby zdjęcia. Przestrzegaj granic i ograniczeń określonych przez organizacje zajmujące się ochroną dzikiej przyrody i wytyczne dotyczące etycznej fotografii. Pamiętaj, że dobro zwierząt powinno być zawsze na pierwszym miejscu. Zawsze dbaj o swoje bezpieczeństwo. Fotografowanie dzikiej przyrody może być ekscytujące, ale może być również niebezpieczne, jeśli nie zostaną podjęte odpowiednie środki ostrożności. Bądź świadomy otoczenia i potencjalnych zagrożeń, takich jak stromy teren, nieprzewidywalna pogoda lub agresywne zwierzęta. Zawsze zachowuj bezpieczną odległość od dzikich zwierząt i nigdy nie zbliżaj się do nich ani nie próbuj ich dotykać.

Podsumowując, fotografowanie dzikiej przyrody to ekscytujące i satysfakcjonujące zajęcie, ale wiąże się również z wielką odpowiedzialnością. Szanując dziką przyrodę, stosując etyczne techniki fotografowania i zawsze stawiając bezpieczeństwo na pierwszym miejscu, możesz uchwycić wspaniałe zdjęcia, dbając jednocześnie o dobro zwierząt i siebie. Chwyć więc aparat, wyrusz w dziką przyrodę i pozwól, aby piękno natury inspirowało Cię do fotografowania.

Podstawy edycji: ulepszanie zdjęć

Witamy w świecie edycji zdjęć, w którym możesz zmienić swoje dobre lub świetne zdjęcia za pomocą kilku poprawek i dostosowań. Niezależnie od tego, czy jesteś początkującym, czy doświadczonym profesjonalistą, opanowanie podstaw edycji zdjęć może pomóc Ci ulepszyć zdjęcia i wydobyć ich pełny potencjał.

Po pierwsze, wybierz odpowiednie oprogramowanie do edycji dla swoich potrzeb. Dostępnych jest wiele opcji, od prostych aplikacji na smartfony po potężne programy komputerowe. Eksperymentuj z różnymi programami, aż znajdziesz takie, które będzie odpowiadać Twojemu tokowi pracy i będzie oferować funkcje potrzebne do osiągnięcia pożądanych rezultatów.

Po wybraniu oprogramowania do edycji zapoznaj się z jego podstawowymi narzędziami i funkcjami. Większość programów do edycji oferuje narzędzia do regulacji ekspozycji, kontrastu, balansu kolorów i ostrości, a także bardziej zaawansowane funkcje, takie jak selektywna edycja i retusz. Poświęć trochę czasu na zapoznanie się z tymi narzędziami i poeksperymentuj z różnymi dostosowaniami, aby zobaczyć, jak wpływają one na Twoje zdjęcia.

Jeśli chodzi o edycję, mniej często znaczy więcej. Oprzyj się pokusie przesady z filtrami i efektami i zamiast tego skup się na wprowadzaniu subtelnych, naturalnie wyglądających korekt, które poprawią ogólny wygląd Twoich zdjęć. Zwróć uwagę na szczegóły, takie jak ekspozycja, balans kolorów i kompozycja, i staraj się stworzyć zrównoważony i harmonijny obraz.

Zacznij od wprowadzenia globalnych korekt całego obrazu, takich jak regulacja ekspozycji i kontrastu, aby wydobyć szczegóły w cieniach i światłach. Następnie przejdź do bardziej ukierunkowanych korekt, takich jak dostosowywanie poszczególnych kolorów lub tonów, aby stworzyć określony nastrój lub atmosferę.

Nie bój się eksperymentować i próbować nowych rzeczy. Montaż to proces twórczy i nie ma jednego, dobrego sposobu, aby to zrobić. Zaufaj swojemu instynktowi i pozwól swojej kreatywności kierować się podczas odkrywania różnych technik i efektów.

Na koniec nie zapomnij zapisać zmian w nowym pliku lub wykonać kopię zapasową oryginalnego zdjęcia przed rozpoczęciem edycji. W ten sposób zawsze możesz wrócić do oryginału, jeśli nie jesteś zadowolony z wyników lub chcesz wypróbować inne podejście.

Podsumowując, edycja zdjęć to potężne narzędzie umożliwiające ulepszanie zdjęć i wydobywanie ich pełnego potencjału. Opanowując podstawy oprogramowania do edycji, eksperymentując z różnymi dostosowaniami i efektami oraz ufając swojemu kreatywnemu instynktowi, możesz przenieść swoje zdjęcia na wyższy poziom i stworzyć wspaniałe obrazy, które naprawdę się wyróżniają. Chwyć więc aparat, zacznij fotografować i pozwól, aby Twoje edycje zabłysły Twoją kreatywnością.

Wprowadzenie do oprogramowania do edycji zdjęć

Witamy w świecie oprogramowania do edycji zdjęć, w którym możesz przekształcać swoje zdjęcia i uwalniać swoją kreatywność. Niezależnie od tego, czy jesteś początkującym, który chce ulepszyć swoje zdjęcia, czy doświadczonym profesjonalistą dążącym do perfekcji, oprogramowanie do edycji zdjęć oferuje szeroką gamę narzędzi i funkcji, które pomogą Ci osiągnąć swoją wizję.

Oprogramowanie do edycji zdjęć jest dostępne w wielu kształtach i rozmiarach, od prostych aplikacji mobilnych po zaawansowane programy komputerowe. Niektóre popularne opcje obejmują między innymi Adobe Photoshop, Adobe Lightroom, Capture One, GIMP i Affinity Photo. Każde oprogramowanie ma swoje unikalne funkcje i możliwości, dlatego ważne jest, aby wybrać takie, które odpowiada Twoim potrzebom i preferencjom.

Zasadniczo oprogramowanie do edycji zdjęć umożliwia dokonywanie szerokiego zakresu korekt zdjęć, w tym ekspozycji, balansu kolorów, kontrastu, ostrości i innych. Możesz także przycinać i prostować obrazy, usuwać niechciane obiekty i skazy oraz stosować kreatywne efekty i filtry, aby poprawić ogólny wygląd zdjęć.

Jedną z kluczowych zalet oprogramowania do edycji zdjęć jest nieniszczący przebieg edycji. Oznacza to, że oryginalne zdjęcie pozostanie niezmienione, a wszystkie zmiany zostaną zastosowane w osobnej warstwie lub pliku, co umożliwi powrót do oryginału w dowolnym momencie. Daje to swobodę eksperymentowania i próbowania nowych rzeczy bez obawy o zrujnowanie oryginalnego obrazu.

Większość programów do edycji zdjęć oferuje także zaawansowane narzędzia do organizacji i zarządzania przepływem pracy, umożliwiające łatwe importowanie, organizowanie i kategoryzowanie zdjęć. Możesz tworzyć własne foldery i albumy, dodawać słowa kluczowe i metadane do swoich zdjęć, a nawet przetwarzać wsadowo wiele zdjęć na raz, aby zaoszczędzić czas i usprawnić przepływ pracy.

Niezależnie od tego, czy jesteś hobbystą, czy zawodowym fotografem, opanowanie oprogramowania do edycji zdjęć to niezbędna umiejętność, która może przenieść Twoje zdjęcia na wyższy poziom. Zapoznając się z narzędziami i funkcjami wybranego oprogramowania, eksperymentując z różnymi technikami i efektami oraz ufając swojemu instynktowi twórczemu, możesz uwolnić pełny potencjał swoich zdjęć i stworzyć wspaniałe obrazy, które naprawdę się wyróżniają.

Niezależnie od tego, czy edytujesz na komputerze, czy w podróży ze smartfonem, zanurz się w świat oprogramowania do edycji zdjęć i uwolnij swoją kreatywność już dziś!

Zrozumienie korekcji kolorów i balansu bieli

W porządku, porozmawiajmy o korekcji kolorów i balansie bieli – dwóch podstawowych aspektach edycji zdjęć, które mogą mieć ogromny wpływ na wygląd i styl Twoich zdjęć. Zasadniczo korekcja kolorów polega na dostrajaniu kolorów obrazu, aby wyglądały jak najbardziej naturalnie i realistycznie. A balans bieli? Chodzi o to, aby upewnić się, że biel na zdjęciu rzeczywiście wygląda na białą, bez względu na warunki oświetleniowe, w jakich wykonano zdjęcie.

Dlaczego więc korekcja kolorów ma znaczenie? Czy zdarzyło Ci się kiedyś zrobić zdjęcie i zauważyć, że kolory wyglądają nieco inaczej? Może zielenie są zbyt nasycone, a błękity wyglądają zbyt fajnie. W tym miejscu z pomocą przychodzi korekcja kolorów. Dostosowując poziomy różnych kolorów obrazu, możesz uzyskać bardziej zrównoważony i przyjemny wizualnie efekt.

Porozmawiajmy teraz o balansie bieli. Robiłeś kiedyś zdjęcie w pomieszczeniu i zauważyłeś, że wszystko wygląda trochę pomarańczowo? A może zrobiłeś zdjęcie na zewnątrz w pochmurny dzień i wszystko wydaje się trochę zbyt niebieskie. Dzieje się tak dlatego, że różne warunki oświetleniowe mogą wpływać na temperaturę barwową zdjęć. Balans bieli pozwala dostosować temperaturę barwową obrazu, aby biel wyglądała na białą, niezależnie od warunków oświetleniowych.

Większość programów do edycji zdjęć oferuje narzędzia i wstępne ustawienia korekcji kolorów i balansu bieli, dzięki czemu można łatwo dostosować kolory i tony obrazów za pomocą zaledwie kilku kliknięć. Eksperymentuj z różnymi ustawieniami i dostosowaniami, aż znajdziesz właściwą równowagę dla swojego zdjęcia.

Pamiętaj, że nie ma jednego uniwersalnego podejścia do korekcji kolorów i balansu bieli. Wszystko polega na znalezieniu właściwej równowagi, która będzie pasować do Twojego zdjęcia i poprawi jego ogólny wygląd. Nie bój się więc eksperymentować i zaufaj swojemu twórczemu instynktowi. Przy odrobinie praktyki w mgnieniu oka nauczysz się korekcji kolorów i balansu bieli!

Techniki retuszu: ulepszanie portretów

W porządku, zanurzmy się w świat retuszu, w którym możemy przekształcić portrety ze świetnych w oszałamiające! Celem retuszu jest uwydatnienie naturalnego piękna fotografowanych obiektów, przy jednoczesnym zachowaniu autentycznego i realistycznego wyglądu. Niezależnie od tego, czy usuwasz przebarwienia, wygładzasz skórę, czy dopasowujesz kolory i odcienie, retusz może pomóc Ci stworzyć naprawdę olśniewające portrety.

Na początek porozmawiajmy o retuszowaniu skóry. Przebarwienia, zmarszczki i niedoskonałości są naturalną częścią życia, ale to nie znaczy, że muszą być wyeksponowane na Twoich portretach. Użyj narzędzi i pędzli leczniczych, aby delikatnie usunąć wszelkie rozpraszające przebarwienia lub plamy, uważając, aby nie przesadzić i sprawić, by obiekt wyglądał jak porcelanowa lalka.

Następnie wygładźmy skórę. Tutaj sytuacja może być nieco skomplikowana. Chcesz wyrównać koloryt i teksturę skóry bez całkowitego zatarcia naturalnych konturów i rysów twarzy fotografowanej osoby. Użyj narzędzi takich jak stempel klonujący lub separacja częstotliwości, aby wymieszać i zmiękczyć obszary o nierównej teksturze, pamiętając o zachowaniu naturalnego wyglądu i dotyku.

Korekty kolorów i tonów mogą również pomóc w udoskonaleniu Twoich portretów. Użyj warstw dopasowania i krzywych, aby dostosować kolory i tony obrazu, upewniając się, że skóra fotografowanej osoby wygląda zdrowo i żywo, bez nadmiernego nasycenia lub nienaturalności. Zwracaj uwagę na szczegóły, takie jak cienie i światła, i dokonuj subtelnych korekt, aby wydobyć to, co najlepsze z cech fotografowanej osoby.

I nie zapomnij o oczach! Jak mówią, oczy są zwierciadłem duszy, dlatego zadbaj o to, aby na Twoich portretach były lśniące i pełne życia. Użyj narzędzi do unikania i przyciemniania, aby rozjaśnić i uwydatnić oczy, dodając głębi i wymiaru spojrzeniu obiektu.

Na koniec pamiętaj, że w przypadku retuszu mniej często znaczy więcej. Celem jest uwydatnienie naturalnego piękna fotografowanej osoby, a nie całkowita zmiana jej wyglądu. Zachowaj subtelność i powściągliwość w stosowaniu technik retuszu i zawsze pamiętaj o integralności i autentyczności fotografowanego obiektu.

Podsumowując, retusz to potężne narzędzie do ulepszania portretów i wydobywania tego, co najlepsze z fotografowanych osób. Dzięki połączeniu narzędzi leczniczych, technik wygładzania skóry, regulacji kolorów i tonów oraz szczególnej dbałości o szczegóły możesz stworzyć portrety, które naprawdę błyszczą. Chwyć więc aparat, zacznij fotografować i pozwól swojej kreatywności wznieść się na wyższy poziom, retuszując drogę do oszałamiających portretów!

Tworzenie oszałamiających fotografii czarno-białych

Odkryjmy urzekający świat fotografii czarno-białej, gdzie odcienie szarości mogą wywoływać emocje, dramatyzm i ponadczasową elegancję. Niezależnie od tego, czy fotografujesz krajobrazy, portrety czy sceny uliczne, fotografia czarno-biała oferuje wyjątkową możliwość tworzenia niesamowitych zdjęć, które wytrzymują próbę czasu.

Na początek porozmawiajmy o sile kontrastu. W fotografii czarno-białej kontrast jest kluczem do stworzenia głębi i dramatyzmu zdjęć. Szukaj scen z mocnym światłem i cieniem, a także ciekawych tekstur i wzorów, które będą widoczne w czerni i bieli. Eksperymentuj z różnymi warunkami oświetlenia i ustawieniami ekspozycji, aby zmaksymalizować kontrast na zdjęciach.

Kompozycja to kolejny kluczowy aspekt fotografii czarno-białej. Bez rozpraszania się kolorem elementy kompozycji – takie jak linia, kształt i forma – zajmują centralne miejsce. Szukaj mocnych linii i kształtów, które prowadzą wzrok widza przez obraz, i eksperymentuj z różnymi kątami i perspektywami, aby stworzyć dynamiczne kompozycje.

Zwróć uwagę na zakres tonalny swoich zdjęć. Fotografia czarno-biała polega na uchwyceniu szerokiej gamy tonów, od głębokiej czerni po jasną biel i wszystko pomiędzy. Użyj oprogramowania do edycji, aby dostroić równowagę tonalną zdjęć, pamiętając o zachowaniu szczegółów zarówno w światłach, jak i cieniach.

Nie bój się eksperymentować z filtrami i efektami, aby poprawić nastrój i atmosferę swoich czarno-białych zdjęć. Na przykład filtr czerwony może pogłębić cienie i dodać dramatyzmu obrazom, podczas gdy filtr niebieski może nadać chłodniejszy, bardziej eteryczny wygląd. Baw się różnymi efektami, aż znajdziesz idealny dla swojego zdjęcia.

I na koniec ćwicz, ćwicz, ćwicz! Jak każda forma fotografii, tworzenie oszałamiających czarno-białych zdjęć wymaga czasu i poświęcenia. Poświęć trochę czasu na zapoznanie się z pracami mistrzów fotografii czarno-białej i ćwicz swoje umiejętności, kiedy tylko możesz. Dzięki cierpliwości i wytrwałości będziesz w stanie uchwycić wspaniałe czarno-białe zdjęcia, które pozostawią niezatarte wrażenie.

Podsumowując, fotografia czarno-biała oferuje wyjątkową możliwość tworzenia ponadczasowych, sugestywnych obrazów, które wyróżniają się z tłumu. Opanowując zasady kontrastu, kompozycji, zakresu tonalnego i eksperymentowania, możesz tworzyć wspaniałe czarno-białe zdjęcia, które oddają piękno i istotę otaczającego Cię świata.

Chwyć więc aparat, skorzystaj z palety monochromatycznej i pozwól swojej kreatywności wznieść się w górę, odkrywając urzekający świat czarno-białej fotografii!

Drukowanie i wyświetlanie zdjęć

Teraz, gdy masz już zrobione i edytowane wspaniałe zdjęcia, czas ożywić je w świecie fizycznym. Niezależnie od tego, czy drukujesz zdjęcia i wieszasz je na ścianie, tworzysz album ze zdjęciami, czy wyświetlasz je w galerii, musisz wziąć pod uwagę kilka rzeczy, aby mieć pewność, że Twoje zdjęcia będą wyglądać jak najlepiej.

Po pierwsze, wybierz odpowiednią metodę drukowania i papier. Dostępnych jest niezliczona ilość opcji, od tradycyjnych wydruków na błyszczącym lub matowym papierze po bardziej nowoczesne opcje, takie jak wydruki na metalu lub płótno. Wybierając odpowiednią metodę drukowania i rodzaj papieru, weź pod uwagę styl i estetykę swoich zdjęć, a także miejsce, w którym będą wyświetlane.

Jeśli chodzi o drukowanie, rozdzielczość ma kluczowe znaczenie. Upewnij się, że zdjęcia mają wysoką rozdzielczość i rozmiar odpowiedni do żądanego rozmiaru wydruku. Dzięki temu wydruki będą ostre, wyraźne i wolne od pikseli i zniekształceń. Jeśli nie masz pewności co do rozdzielczości swoich zdjęć, skonsultuj się z drukarnią lub zapoznaj się z jej wytycznymi dotyczącymi optymalnej jakości druku.

Weź pod uwagę opcje kadrowania i matowania swoich wydruków. Dobrze dobrana ramka i mata mogą poprawić ogólny wygląd zdjęć, dopełniając ich styl i estetykę. Eksperymentuj z różnymi opcjami kadrowania, aby znaleźć idealną kombinację, która podkreśli Twoje zdjęcia i doda elegancji Twojemu wyświetlaczowi.

Jeśli tworzysz album lub książkę ze zdjęciami, zwróć uwagę na układ i projekt. Uporządkuj swoje zdjęcia w sposób opowiadający historię lub podkreślający temat i dodawaj podpisy lub adnotacje, aby zapewnić kontekst i zwiększyć zrozumienie Twojej pracy przez widza. Poświęć trochę czasu na zaprojektowanie układu, który będzie płynnie przebiegał i prezentował Twoje zdjęcia w najlepszym możliwym świetle.

I na koniec, nie zapomnij chronić swoich wydruków przed uszkodzeniem i zniszczeniem. Używaj materiałów o jakości archiwalnej oraz szkła lub akrylu z ochroną UV, aby chronić wydruki przed blaknięciem, odbarwieniem i szkodami środowiskowymi. Właściwe techniki kadrowania i ekspozycji mogą zapewnić, że wydruki pozostaną żywe i piękne przez wiele lat.

Podsumowując, drukowanie i eksponowanie zdjęć to ważny krok w procesie twórczym, pozwalający dzielić się swoją pracą ze światem i cieszyć się nią we własnej przestrzeni. Wybierając odpowiednią metodę drukowania i papier, zwracając uwagę na rozdzielczość i opcje kadrowania oraz podejmując kroki mające na celu ochronę wydruków, możesz stworzyć wspaniałe wystawy, które zaprezentują Twoje zdjęcia w całej okazałości. Więc śmiało, wydrukuj swoje zdjęcia, eksponuj je z dumą i pozwól swojej kreatywności zabłysnąć!

Tworzenie portfolio fotograficznego

W porządku, porozmawiajmy o stworzeniu zabójczego portfolio fotograficznego, które zaprezentuje Twój talent, styl i wizję. Niezależnie od tego, czy dopiero zaczynasz, czy chcesz przenieść swoją karierę fotograficzną na wyższy poziom, mocne portfolio jest niezbędne, aby przyciągnąć klientów, zabezpieczyć koncerty i zaprezentować swoje prace światu.

Po pierwsze, wybierz swoje najlepsze prace. Twoje portfolio jest odzwierciedleniem Twoich umiejętności i kreatywności, dlatego wybieraj zdjęcia mądrze. Wybierz różnorodną gamę zdjęć, które pokażą Twoją wszechstronność jako fotografa, zachowując jednocześnie spójny styl i estetykę. Stawiaj na jakość ponad ilość i bądź bezwzględny w procesie selekcji – dołączaj tylko obrazy, które naprawdę reprezentują Twoją najlepszą pracę i prezentują Twoją wyjątkową wizję.

Zastanów się nad strukturą i organizacją swojego portfela. Pomyśl o historii, którą chcesz opowiedzieć swoją pracą, i uporządkuj swoje zdjęcia w sposób płynny i angażujący widza. Możesz uporządkować swoje portfolio według tematu, gatunku lub stylu albo ułożyć zdjęcia w porządku chronologicznym, aby pokazać swój rozwój jako fotografa. Niezależnie od tego, jakie podejście wybierzesz, upewnij się, że Twoje portfolio jest łatwe w nawigacji i atrakcyjne wizualnie.

Prezentacja jest kluczowa, jeśli chodzi o Twoje portfolio. Zainwestuj w wysokiej jakości książkę o portfolio lub stwórz eleganckie portfolio online, które zaprezentuje Twoją pracę w najlepszym możliwym świetle. Zwróć uwagę na szczegóły, takie jak układ, projekt i typografia, i upewnij się, że Twoje portfolio jest dopracowane i profesjonalnie wyglądające. Pamiętaj, że Twoje portfolio to często pierwsze wrażenie, jakie zrobisz na potencjalnych klientach lub współpracownikach, więc spraw, by się liczyło!

Nie bój się regularnie aktualizować i odświeżać swoje portfolio. W miarę jak rozwijasz się i ewoluujesz jako fotograf, Twoje portfolio powinno odzwierciedlać Twoje postępy oraz Twój obecny styl i estetykę. Dbaj o dynamikę i aktualność swojego portfolio, regularnie dodając nowe prace i usuwając starsze obrazy, które nie reprezentują już Twojej najlepszej pracy. I na koniec, nie zapomnij wypromować swojego portfolio i podzielić się nim ze światem. Skorzystaj z mediów społecznościowych, swojej witryny internetowej i wydarzeń sieciowych, aby zaprezentować swoją pracę i nawiązać kontakt z potencjalnymi klientami i współpracownikami. Bądź proaktywny w poszukiwaniu okazji do udostępnienia swojego portfolio i spraw, aby Twoja praca zobaczyła jak najwięcej osób.

Podsumowując, tworzenie portfolio fotograficznego polega na wybraniu najlepszych prac, skutecznym ich zorganizowaniu i zaprezentowaniu w sposób, który pokaże Twój talent i wizję. Wybierając najlepsze zdjęcia, przemyślanie je organizując i profesjonalnie prezentując, możesz stworzyć portfolio, które wyróżni się z tłumu i pomoże Ci osiągnąć swoje fotograficzne cele. Więc wyjdź, zacznij fotografować i zbuduj portfolio swoich marzeń!

Prawa autorskie i własność intelektualna: ochrona Twojej pracy

W porządku, porozmawiajmy o ochronie Twojej twórczości przed nieuprawnionym użyciem i naruszeniem. Jako fotograf Twoje zdjęcia są Twoim źródłem utrzymania, dlatego ważne jest, aby znać swoje prawa i podejmować kroki, aby chronić je przed niewłaściwym wykorzystaniem.

Przede wszystkim porozmawiajmy o prawach autorskich. Prawa autorskie to prawo przyznające Ci wyłączną kontrolę nad wykorzystaniem i dystrybucją Twojej pracy twórczej. Jako twórca zdjęć automatycznie zachowujesz do nich prawa autorskie zaraz po ich utworzeniu. Oznacza to, że masz wyłączne prawo do reprodukowania, rozpowszechniania i wyświetlania swoich zdjęć, a także prawo do tworzenia na ich podstawie dzieł pochodnych.

Aby jeszcze bardziej chronić swoje prawa autorskie, rozważ zarejestrowanie zdjęć w urzędzie ds. praw autorskich w swoim kraju. Chociaż ochrona praw autorskich jest automatyczna, rejestracja zapewnia dodatkowe korzyści prawne i ułatwia dochodzenie swoich praw w sądzie, jeśli Twoje dzieło zostanie naruszone.

Jeśli chodzi o udostępnianie zdjęć w Internecie, rozważ użycie znaków wodnych lub umieszczenie w obrazach informacji o prawach autorskich, aby zapobiec nieuprawnionemu użyciu. Chociaż znaki wodne mogą być nieco uciążliwe, mogą również pomóc w identyfikacji Twojej pracy i zniechęcić potencjalnych sprawców naruszenia do kradzieży Twoich zdjęć.

Zachowaj czujność i monitoruj wykorzystanie Twoich zdjęć w Internecie. Skorzystaj z narzędzi wyszukiwania wstecznego obrazu, aby śledzić, gdzie Twoje zdjęcia są wykorzystywane, i podejmuj działania, aby zaradzić nieuprawnionemu użyciu lub naruszeniu. Może to obejmować wysyłanie pism o zaprzestaniu działalności, składanie zawiadomień o usunięciu na podstawie ustawy DMCA lub podjęcie kroków prawnych przeciwko sprawcom naruszenia.

Rozważ licencjonowanie swoich zdjęć do użytku komercyjnego. Licencjonując swoje zdjęcia, możesz udzielić innym pozwolenia na wykorzystanie Twojej pracy w zamian za opłatę lub inne wynagrodzenie. Dostępne są różne rodzaje licencji, od licencji bezpłatnych, które umożliwiają nieograniczone korzystanie ze zdjęć, po licencje z zarządzaniem prawami, które ograniczają użytkowanie na podstawie takich czynników, jak czas trwania, lokalizacja geograficzna i zamierzone użycie.

I na koniec, zdobądź wiedzę na temat prawa autorskiego i praw własności intelektualnej. Im więcej wiesz o swoich prawach i sposobach ich ochrony, tym lepiej będziesz przygotowany do obrony swojego dzieła przed naruszeniami i nieuprawnionym użyciem.

Podsumowując, ochrona Twojej pracy przed nieuprawnionym użyciem i naruszeniem jest niezbędna do ochrony Twoich praw jako fotografa i zabezpieczenia Twoich środków do życia. Rozumiejąc prawo autorskie, rejestrując swoją pracę, używając znaków wodnych, monitorując wykorzystanie, licencjonując swoje zdjęcia i będąc na bieżąco z informacjami o swoich prawach, możesz podjąć proaktywne kroki w celu ochrony swojej pracy twórczej i zapewnienia odpowiedniego uznania i wynagrodzenia za swoje wysiłki. Bądź więc proaktywny, zachowaj czujność i chroń swoją pracę przed niewłaściwym wykorzystaniem i naruszeniem!

Etykieta mediów społecznościowych dla fotografów

W porządku, przyjrzyjmy się nakazom i zakazom związanym z etykietą fotografów w mediach społecznościowych. Media społecznościowe to potężne narzędzie do prezentowania swojej pracy, nawiązywania kontaktu z innymi fotografami i nawiązywania kontaktu z odbiorcami, ale ważne jest, aby korzystać z nich w sposób odpowiedzialny i pełen szacunku.

Na początek porozmawiajmy o udostępnianiu Twojej pracy. Media społecznościowe to świetna platforma do prezentowania zdjęć i docierania do szerszej publiczności, ale ważne jest, aby zachować selektywność w zakresie tego, co udostępniasz. Publikuj tylko swoje najlepsze prace — zdjęcia, które naprawdę odzwierciedlają Twój styl i wizję jako fotografa. Najważniejsza jest jakość, a nie ilość, więc powstrzymaj się od zasypywania fanów każdym zdjęciem, jakie kiedykolwiek zrobiłeś.

Udostępniając zdjęcia w mediach społecznościowych, pamiętaj o podaniu informacji tam, gdzie jest to należne. Jeśli publikujesz ponownie czyjąś pracę, zawsze najpierw zapytaj o zgodę i podaj jej odpowiednie źródło w podpisie. Podobnie, jeśli udostępniasz zdjęcie zainspirowane pracą innej osoby, pamiętaj o podziękowaniu za tę osobę i przyznaniu jej uznania za inspirację.

Angażuj się w znaczący sposób ze swoimi odbiorcami. Odpowiadaj na komentarze i wiadomości, zadawaj pytania i zachęcaj do rozmowy. Media społecznościowe służą przede wszystkim budowaniu połączeń i rozwijaniu relacji, więc poświęć trochę czasu na nawiązanie kontaktu ze swoimi obserwatorami i pokaż im, że cenisz ich wsparcie i opinie.

Szanuj innych fotografów i ich pracę. Unikaj negatywnych lub pogardliwych komentarzy na temat innych fotografów lub ich zdjęć, nawet jeśli osobiście nie podoba ci się ich styl lub tematyka. Pamiętaj, że fotografia jest subiektywna i to, co kocha jedna osoba, może nie podobać się innej – i to jest w porządku! Unikaj korzystania z mediów społecznościowych do wyrażania skarg lub skarg na klientów, współpracowników lub innych fotografów. Dbaj o to, aby Twoje interakcje były profesjonalne i pozytywne. Pamiętaj, że media społecznościowe to forum publiczne, na którym Twoje posty mogą zobaczyć wszyscy.

I wreszcie, należy pamiętać o prawach autorskich i prawach własności intelektualnej. Nie wykorzystuj cudzych zdjęć bez pozwolenia i zawsze podawaj autorstwo podczas udostępniania lub ponownego publikowania cudzej pracy. Szanuj prawa innych fotografów, tak jak chciałbyś, żeby oni szanowali Twoje.

Podsumowując, etykieta fotografów w mediach społecznościowych polega na odpowiedzialnym i pełnym szacunku korzystaniu z platformy. Dzieląc się swoimi najlepszymi pracami, udzielając wyróżnień tam, gdzie jest to wymagane, nawiązując kontakt z odbiorcami, okazując szacunek innym fotografom oraz szanując prawa autorskie i prawa własności intelektualnej, możesz wykorzystać media społecznościowe do zaprezentowania swojego talentu i nawiązania kontaktu z innymi fotografami i entuzjastami fotografii w pozytywny i znaczący sposób. Więc śmiało, dziel się swoją pracą, nawiązuj kontakt z odbiorcami i ciesz się niesamowitą społecznością, jaką mają do zaoferowania media społecznościowe!

Tworzenie sieci i współpraca w społeczności fotograficznej

W porządku, porozmawiajmy o sile sieci i współpracy w społeczności fotograficznej. Budowanie relacji z innymi fotografami i współpraca przy projektach może otworzyć nowe możliwości, poszerzać umiejętności i inspirować kreatywność.

Na początek porozmawiajmy o networkingu. Networking polega na nawiązywaniu kontaktów i budowaniu relacji z innymi fotografami, profesjonalistami z branży i potencjalnymi klientami. Weź udział w spotkaniach, warsztatach i konferencjach fotograficznych, dołącz do internetowych forów i społeczności fotograficznych oraz nawiązuj kontakt z innymi fotografami w mediach społecznościowych. Poświęć trochę czasu na przedstawienie się, zadawanie pytań i poznanie innych fotografów w Twojej okolicy lub niszy.

Tworzenie sieci kontaktów to nie tylko nawiązywanie kontaktów – to także pielęgnowanie tych połączeń w miarę upływu czasu. Pozostań w kontakcie ze swoimi kontaktami, śledź po spotkaniach lub wydarzeniach i szukaj możliwości współpracy lub wzajemnego wspierania się w pracy. Budowanie silnej sieci kontaktów może otworzyć nowe możliwości współpracy, poleceń i wzajemnego wsparcia.

Współpraca to kolejny skuteczny sposób na rozwój i naukę fotografa. Niezależnie od tego, czy chodzi o współpracę z innymi fotografami przy kreatywnym projekcie, współpracę z modelkami lub stylistami przy sesji zdjęciowej, czy też pracę z klientami nad wcieleniem ich wizji w życie, współpraca pozwala połączyć talenty i zasoby, aby stworzyć coś więcej niż suma jego Części.

We współpracy z innymi kluczowa jest komunikacja. Jasno zdefiniuj role i oczekiwania z góry, omów kreatywną wizję i cele projektu oraz ustal harmonogram i przepływ pracy, który będzie odpowiedni dla wszystkich zaangażowanych. Bądź otwarty na opinie i pomysły swoich współpracowników oraz bądź gotowy na kompromis i znalezienie wspólnej płaszczyzny, aby osiągnąć najlepszy możliwy wynik.

Współpraca nie polega tylko na pracy z innymi fotografami – to także uczenie się od nich. Bądź otwarty na naukę nowych technik, eksperymentowanie z różnymi stylami i wychodzenie poza swoją strefę komfortu. Współpraca z innymi może pomóc Ci poszerzyć swoje umiejętności, zdobyć nowe spostrzeżenia i rozwijać się jako fotograf.

I wreszcie, nie bój się przejąć inicjatywy i samodzielnie inicjować współpracę. Skontaktuj się z innymi fotografami, modelkami, stylistami i innymi twórcami, których prace podziwiasz, i zaproponuj pomysły na współpracę. Niezależnie od tego, czy jest to tematyczna sesja zdjęciowa, wspólna wystawa, czy wspólny projekt dla klienta, nie bój się przedstawiać swoich pomysłów i zobacz, dokąd Cię zaprowadzą.

Podsumowując, tworzenie sieci kontaktów i współpraca są niezbędne do rozwoju i prosperowania społeczności fotograficznej. Budując relacje, pielęgnując więzi i współpracując z innymi, możesz poszerzać swoje umiejętności, poszerzać horyzonty i osiągać większy sukces i spełnienie jako fotograf. Wyjdź więc na zewnątrz, zacznij nawiązywać kontakty i pozwól, aby Twoja kreatywność wzrosła dzięki współpracy!

Szukam informacji zwrotnej i konstruktywnej krytyki

W porządku, porozmawiajmy o znaczeniu szukania opinii i konstruktywnej krytyki jako fotograf. Choć udostępnianie swoich prac innym osobom do krytyki może być onieśmielające, otrzymywanie opinii od rówieśników, mentorów i innych fotografów może być niezwykle cenne dla Twojego rozwoju jako artysty.

Na początek porozmawiajmy o tym, dlaczego informacja zwrotna jest ważna. Informacje zwrotne pozwalają spojrzeć na swoją pracę ze świeżego spojrzenia i spojrzeć na zdjęcia oczami kogoś innego. Może uwydatnić obszary, w których się wyróżniasz, oraz obszary, w których możesz się ulepszyć, pomagając Ci zidentyfikować mocne i słabe strony fotografii. Informacje zwrotne otwierają także możliwości uczenia się i rozwoju, umożliwiając poszerzenie umiejętności i udoskonalenie rzemiosła.

Szukając informacji zwrotnej, ważne jest, aby zachować otwarty umysł i być otwartym na krytykę. Pamiętaj, że celem opinii nie jest zrujnowanie Cię ani wywołanie złego samopoczucia w związku z Twoją pracą – ma ona pomóc Ci doskonalić się i rozwijać jako fotograf. Do informacji zwrotnej podchodź z otwartym umysłem i chęcią uczenia się oraz bądź wdzięczny za wszelkie spostrzeżenia i sugestie oferowane przez innych.

Określ konkretnie, jakiego rodzaju opinii szukasz. Szukasz porady technicznej dotyczącej naświetlenia i składu? Czy szukasz opinii na temat swojego stylu edycji lub technik przetwarzania końcowego? Czy chcesz poznać opinie innych na temat ogólnej koncepcji i przesłania Twoich zdjęć? Jasno określ, czego oczekujesz od uzyskania informacji zwrotnej, aby inni mogli przekazać Ci możliwie najbardziej pomocną i trafną informację zwrotną.

Otrzymując informację zwrotną, skup się na konstruktywnej krytyce – takiej, która zawiera konkretne sugestie dotyczące ulepszeń lub podkreśla obszary, w których możesz rozwijać się jako fotograf. Chociaż zawsze miło jest słyszeć pozytywne opinie, to konstruktywna krytyka pomoże Ci stać się lepszym fotografem.

I wreszcie, nie bój się szukać informacji zwrotnych z różnych źródeł. Skontaktuj się z innymi fotografami, mentorami i znajomymi, których prace podziwiasz, i poproś ich o szczerą opinię na temat Twoich zdjęć. Dołącz do forów i społeczności fotograficznych, gdzie możesz dzielić się swoją pracą i otrzymywać opinie od szerszej publiczności. Im więcej informacji zwrotnych otrzymasz, tym więcej będziesz miał okazji do nauki i rozwoju jako fotograf.

Podsumowując, uzyskiwanie informacji zwrotnej i konstruktywnej krytyki jest dla fotografów istotną częścią procesu twórczego. Dzięki otwartości i sprecyzowaniu, jakiego rodzaju opinii oczekujesz, skupieniu się na konstruktywnej krytyce i szukaniu informacji zwrotnych z różnych źródeł, możesz zyskać cenne spostrzeżenia, udoskonalić swoje umiejętności i rozwijać się jako fotograf. Nie bój się więc publikować swoich prac, szukaj opinii od innych i używaj ich jako odskoczni do swojego rozwoju jako artysty.

Wyznaczanie realistycznych celów i kamieni milowych

Przyjrzyjmy się znaczeniu wyznaczania realistycznych celów i kamieni milowych jako fotograf. Niezależnie od tego, czy dopiero zaczynasz, czy chcesz przenieść swoją fotografię na wyższy poziom, jasne cele i kamienie milowe pomogą Ci zachować koncentrację, motywację i być na dobrej drodze do osiągnięcia sukcesu.

Na początek porozmawiajmy o tym, dlaczego wyznaczanie celów jest ważne. Cele dają Ci cel, do którego możesz dążyć, a także wyznaczają kierunek i cel Twoich fotografii. Pomogą Ci określić priorytety, zidentyfikować obszary wymagające poprawy i zmierzyć postępy w czasie. Bez jasnych celów łatwo jest poczuć się zagubionym lub przytłoczonym i niepewnym, jakie kroki podjąć dalej, aby kontynuować swoją fotograficzną podróż.

Wyznaczając cele, ważne jest, aby zachować realizm i konkretność. Zamiast wyznaczać niejasne cele, takie jak „rób lepsze zdjęcia" lub „zostań sławnym fotografem", podziel je na mniejsze, bardziej osiągalne cele, które są konkretne, mierzalne i określone w czasie. Na przykład możesz wyznaczyć sobie cel udoskonalenia swoich umiejętności komponowania poprzez ćwiczenie zasady trójpodziału na zdjęciach lub zwiększenie liczby obserwujących na Instagramie o 10% w ciągu najbliższych trzech miesięcy.

Po ustaleniu celów podziel je na mniejsze kamienie milowe lub zadania, nad którymi możesz pracować codziennie, co tydzień lub co miesiąc. Dzięki temu Twoje cele będą łatwiejsze w zarządzaniu i pomogą Ci utrzymać motywację, dając poczucie postępu i spełnienia podczas pracy nad większymi celami.

Bądź elastyczny i dostosowuj się do swoich celów. Życie jest nieprzewidywalne i czasami nie wszystko idzie zgodnie z planem. Bądź gotowy dostosować swoje cele i ramy czasowe według potrzeb i nie bądź dla siebie zbyt surowy, jeśli po drodze napotkasz niepowodzenia lub przeszkody. Pamiętaj, że możesz obrać objazd lub zmienić kurs – ważne jest, abyś cały czas posuwał się do przodu i pozostawał wierny swojej ogólnej wizji i celom.

Na koniec świętuj swoje sukcesy i kamienie milowe na swojej drodze. Poświęć czas na docenienie i świętowanie swoich osiągnięć, bez względu na to, jak małe mogą się wydawać. Niezależnie od tego, czy chodzi o zdobycie określonej liczby obserwujących w mediach społecznościowych, sprzedaż pierwszego odbitki czy opanowanie nowej techniki fotograficznej, każdy kamień milowy jest wart świętowania jako świadectwo Twojej ciężkiej pracy, poświęcenia i postępu jako fotografa.

Podsumowując, wyznaczanie realistycznych celów i kamieni milowych jest niezbędne do osiągnięcia sukcesu i rozwoju jako fotograf. Wyznaczając jasne, konkretne cele, dzieląc je na mniejsze kamienie milowe, zachowując elastyczność i możliwości dostosowania się oraz świętując swoje sukcesy po drodze, możesz zachować koncentrację, motywację i być na dobrej drodze do osiągnięcia swoich fotograficznych marzeń. Zatem śmiało, wyznacz swoje cele i zacznij pracować nad urzeczywistnieniem swoich fotograficznych aspiracji!

Znalezienie swojego stylu fotograficznego i głosu

Wyruszmy w podróż mającą na celu odnalezienie Twojego unikalnego stylu fotograficznego i głosu – to jak odkrycie swojego artystycznego odcisku palca, który wyróżnia Cię spośród innych. Twój styl i głos sprawiają, że Twoje zdjęcia są rozpoznawalne i zapadające w pamięć, odzwierciedlając Twoją osobowość, wizję i twórczą ekspresję.

Na początek porozmawiajmy o tym, co tak naprawdę oznacza styl fotografii i głos. Twój styl obejmuje elementy estetyczne i wizualne, które definiują Twoją pracę – może charakteryzować się wyborem tematów, technik kompozycji, stylu montażu, palety kolorów lub nastroju. Z drugiej strony Twój głos stanowi emocjonalną i koncepcyjną podstawę Twojej pracy – to właśnie Twoje zdjęcia mówią o Tobie, Twojej perspektywie i historiach, które chcesz opowiedzieć.

Znalezienie swojego stylu i głosu to podróż polegająca na odkrywaniu siebie i eksploracji. Chodzi o eksperymentowanie z różnymi technikami, tematami i podejściami, aż znajdziesz to, co do Ciebie pasuje i sprawia wrażenie autentycznego, kim jesteś jako fotograf. Nie bój się próbować nowych rzeczy, podejmować ryzyko i przesuwać granice swojej kreatywności – w ten sposób odkryjesz swój niepowtarzalny styl i głos.

Zacznij od spojrzenia w głąb siebie i zadania sobie pytania, co Cię inspiruje i co Cię pasjonuje. Jakie tematy lub tematy Cię pociągają? Jakie emocje i idee chcesz wywołać na swoich zdjęciach? Odpowiedzi na te pytania mogą dostarczyć wskazówek na temat Twojego stylu i głosu oraz pomóc w poprowadzeniu Twojej twórczej podróży.

Zwracaj uwagę na prace fotografów, których podziwiasz, ale nie próbuj naśladować ani powielać ich stylu. Zamiast tego przestudiuj ich techniki i podejścia i zastanów się, w jaki sposób możesz włączyć elementy ich pracy do swojej własnej, unikalnej wizji. Inspiruj się wieloma źródłami – nie tylko innymi fotografami, ale także sztuką, literaturą, muzyką i otaczającym Cię światem.

Eksperymentuj z różnymi technikami, tematami i stylami, aż znajdziesz tę, która będzie dla Ciebie odpowiednia. Nie bój się popełniać błędów ani ominąć po drodze – każdy eksperyment to okazja do nauki i rozwoju jako fotograf. Z biegiem czasu udoskonalaj i doskonal swój styl i głos i ufaj, że dzięki cierpliwości i wytrwałości w końcu znajdziesz swój własny twórczy głos, który wyróżni Cię z tłumu.

Pamiętaj, że Twój styl i głos będą ewoluować i zmieniać się wraz z Twoim rozwojem jako fotografa. Wyrusz w podróż pełną samopoznania i twórczych poszukiwań i zaufaj, że Twoja wyjątkowa perspektywa i wizja przejawi się w Twojej pracy, czyniąc ją naprawdę Twoją.

Podsumowując, odnalezienie swojego stylu fotograficznego i głosu to bardzo osobista i satysfakcjonująca podróż. Odkrywając swoje pasje, eksperymentując z różnymi technikami i pozostając wiernym sobie i swojej wizji, możesz odkryć swój niepowtarzalny twórczy głos, który wyróżnia Cię jako fotografa. Zatem śmiało, wyrusz w podróż i pozwól, aby Twój styl i głos zabłysły na Twoich fotografiach!

Równowaga między pasją a zyskiem: zamiana hobby w karierę

Zanurzmy się w ekscytującą podróż, dzięki której Twoje hobby fotograficzne stanie się satysfakcjonującą karierą, jednocześnie równoważąc pasję do fotografii z potrzebą generowania dochodu.

Po pierwsze, na początku kariery zawodowej ważne jest, aby utrzymać pasję do fotografii. Pamiętaj, dlaczego w ogóle zakochałeś się w fotografii i kontynuuj tę pasję. Twoja miłość do rzemiosła będzie siłą napędową Twojego sukcesu i będzie Cię motywować w trudnych czasach.

Jednak ważne jest również, aby uwzględnić biznesową stronę fotografii. Kiedy zmienisz swoje hobby w karierę, musisz podejść do tego ze strategicznym nastawieniem. Obejmuje to opracowanie biznes planu, ustalenie celów finansowych i utworzenie strategii marketingowej promującej Twoje usługi.

Jeśli chodzi o wycenę usług, ważne jest, aby cenić swoją pracę i wiedzę specjalistyczną. Choć zaniżanie ceny może być kuszące, szczególnie na początku, może to podważyć Twoją wiarygodność i utrudnić utrzymanie firmy w dłuższej perspektywie. Poświęć trochę czasu na zbadanie standardów branżowych i ustal ceny odzwierciedlające wartość Twojej pracy.

Budowanie silnej obecności w Internecie jest kluczem do przyciągania klientów i rozwoju Twojej firmy fotograficznej. Zainwestuj w stworzenie profesjonalnej strony internetowej i portfolio, które zaprezentuje Twoje najlepsze prace i podkreśli Twój niepowtarzalny styl i głos. Korzystaj z platform mediów społecznościowych, aby nawiązywać kontakt z odbiorcami, udostępniać migawki zza kulis swojej pracy i budować relacje z potencjalnymi klientami.

Networking to kolejny kluczowy aspekt budowania udanej kariery fotograficznej. Weź udział w wydarzeniach branżowych, dołącz do grup i forów fotograficznych oraz nawiąż kontakt z innymi profesjonalistami w swojej dziedzinie. Budowanie silnej sieci kontaktów może prowadzić do nowych możliwości, współpracy i poleceń, które mogą pomóc w rozwoju Twojej firmy.

Przechodząc od fotografa hobbystycznego do zawodowego, ważne jest, aby zachować elastyczność i otwartość na nowe możliwości. Bądź gotowy dostosować się do zmieniających się trendów rynkowych, eksperymentuj z różnymi niszami lub usługami i stale szukaj sposobów na wprowadzanie innowacji i rozwój swojej firmy.

Na koniec pamiętaj, aby priorytetowo traktować samoopiekę i równowagę w swoim życiu. Budowanie kariery fotograficznej może być wymagające, zarówno pod względem fizycznym, jak i emocjonalnym, dlatego ważne jest, aby znaleźć czas dla siebie i zadbać o swoje dobre samopoczucie. Wyznaczaj granice w godzinach pracy, traktuj priorytetowo zajęcia, które poza fotografią przynoszą Ci radość i spełnienie, i nie bój się prosić o pomoc lub wsparcie, kiedy tego potrzebujesz.

Podsumowując, przekształcenie hobby fotograficznego w karierę wymaga równowagi między pasją, planowaniem strategicznym i zmysłem biznesowym. Pozostając wiernym swojej miłości do fotografii, ceniąc swoją pracę, budując silną obecność w Internecie, nawiązując kontakty z innymi profesjonalistami i stawiając na pierwszym miejscu dbanie o siebie, możesz stworzyć satysfakcjonującą i trwałą karierę, robiąc to, co kochasz. Więc śmiało, goń swoje marzenia i zamień swoją pasję do fotografii w pełną sukcesów i satysfakcjonującą karierę!

Komunikacja z klientem i profesjonalizm

Przyjrzyjmy się znaczeniu skutecznej komunikacji z klientem i profesjonalizmu w branży fotograficznej. Budowanie silnych relacji z klientami i utrzymywanie profesjonalnej postawy są niezbędne do osiągnięcia sukcesu w branży.

Po pierwsze, jasna i terminowa komunikacja jest kluczem do zapewnienia pozytywnych doświadczeń Twoim klientom. Od wstępnego zapytania po ostateczną dostawę zdjęć, informowanie klientów i aktualizowanie ich na każdym kroku pomaga budować zaufanie do Twoich usług.

Natychmiast odpowiadaj na zapytania klientów, niezależnie od tego, czy przychodzą za pośrednictwem poczty elektronicznej, rozmów telefonicznych czy wiadomości w mediach społecznościowych. Odpowiadaj uprzejmie i profesjonalnie oraz podawaj jasne i szczegółowe informacje na temat usług, cen i dostępności.

Słuchaj uważnie potrzeb i preferencji swoich klientów oraz zadawaj pytania, aby wyjaśnić wszelkie wątpliwości. Zrozumienie ich wizji i oczekiwań pozwala dostosować usługi do ich specyficznych wymagań i zapewnić wyniki przekraczające ich oczekiwania.

Przez cały proces fotografowania informuj swoich klientów o terminach, harmonogramie oraz wszelkich zmianach i aktualizacjach, które mogą się pojawić. Bądź proaktywny w komunikowaniu wszelkich opóźnień lub wyzwań, które mogą mieć wpływ na projekt, i współpracuj z klientami, aby znaleźć rozwiązania i zapewnić płynny i pomyślny wynik.

Zachowuj profesjonalizm we wszystkich kontaktach z klientami, współpracownikami i dostawcami. Obejmuje to punktualność, niezawodność i szacunek w komunikacji i zachowaniu. Na spotkania z klientami i sesje zdjęciowe ubieraj się odpowiednio i zawsze zachowuj się uczciwie i uczciwie.

Od samego początku zachowaj przejrzystość cen, zasad i warunków świadczenia usług oraz upewnij się, że klienci rozumieją je i wyrażają na nie zgodę przed zawarciem umowy. Pomaga to uniknąć nieporozumień i sporów na późniejszym etapie oraz sprzyja poczuciu zaufania i przejrzystości w relacjach biznesowych.

Na koniec skontaktuj się z klientami po zakończeniu projektu, aby upewnić się, że są zadowoleni i rozwiej wszelkie wątpliwości lub opinie, jakie mogą mieć. Podziękuj im za współpracę i wyraź swoje uznanie za możliwość pracy z nimi. Budowanie pozytywnych relacji z klientami może prowadzić do powtarzania transakcji, polecania i długoterminowego sukcesu w karierze fotograficznej.

Podsumowując, skuteczna komunikacja z klientem i profesjonalizm są niezbędne do budowania zaufania, satysfakcji i lojalności w Twojej branży fotograficznej. Utrzymując jasną i terminową komunikację, uważnie słuchając potrzeb klientów, zachowując się uczciwie i profesjonalnie, a także dbając o satysfakcję, możesz stworzyć pozytywne i trwałe relacje z klientami i osiągnąć sukces w swojej karierze fotograficznej. Zatem śmiało, komunikuj się pewnie i pokaż swój profesjonalizm w każdym aspekcie swojej działalności!

Wycena usług fotograficznych

Zagłębmy się w sztukę i naukę ustalania cen usług fotograficznych. Ustalenie właściwych cen jest niezbędne do utrzymania Twojej firmy i zapewnienia sprawiedliwego wynagrodzenia za Twój czas, wiedzę i pracę twórczą.

Po pierwsze, ważne jest, aby zrozumieć swoje koszty. Oblicz wszystkie wydatki związane z prowadzeniem firmy fotograficznej, w tym koszty sprzętu, subskrypcji oprogramowania, czynszu studia, wydatki marketingowe oraz własne wynagrodzenie lub stawkę godzinową. Daje to podstawę do ustalenia ceny i gwarantuje, że pokrywasz koszty i osiągasz zysk.

Weź pod uwagę wartość swojego czasu i wiedzy. Twoje umiejętności i doświadczenie fotograficzne są cennymi aktywami, a cena powinna to odzwierciedlać. Uwzględnij czas spędzony na fotografowaniu, edytowaniu, komunikacji z klientami i wszelkich innych zadaniach związanych z Twoją działalnością fotograficzną. Nie lekceważ swojego czasu – to jeden z Twoich najcenniejszych zasobów.

Zbadaj rynek i poznaj swoją wartość. Sprawdź, ile inni fotografowie w Twojej okolicy lub niszy pobierają opłaty za podobne usługi i wykorzystaj te informacje do opracowania strategii cenowej. Weź pod uwagę swoją wyjątkową propozycję wartości, taką jak styl, jakość pracy i poziom obsługi klienta, i odpowiednio wyceń swoje usługi.

Oferuj różne pakiety cenowe, aby zaspokoić potrzeby różnych klientów i budżetów. Dzięki temu możesz pozyskać klientów o różnych potrzebach i preferencjach, jednocześnie maksymalizując swój potencjał zarobkowy. Rozważ oferowanie wielopoziomowych pakietów o różnych poziomach usług i cenach, a także opcji dodatkowych dla dodatkowych produktów lub usług.

Zachowaj przejrzystość w zakresie cen i zasad. Jasno komunikuj swoje ceny na swojej stronie internetowej, w materiałach marketingowych i podczas pierwszej komunikacji z klientami. Upewnij się, że Twoi klienci rozumieją, co obejmuje Twoja cena i jakie dodatkowe opłaty mogą mieć zastosowanie. Przejrzystość buduje zaufanie i pomaga zapobiegać późniejszym nieporozumieniom i sporom.

Weź pod uwagę postrzeganą wartość swoich usług. Czynniki takie jak reputacja, portfolio i wizerunek marki mogą mieć wpływ na to, jak klienci postrzegają wartość Twojej pracy. Zainwestuj w budowanie silnej tożsamości marki, prezentowanie swoich najlepszych prac i zapewnianie wyjątkowej obsługi klienta, aby zwiększyć postrzeganą wartość swoich usług i uzasadnić cenę.

Wreszcie, bądź elastyczny i dostosowuj się do swoich cen. Każdy klient i projekt jest wyjątkowy i można negocjować ceny lub dostosowywać pakiety do ich konkretnych potrzeb. Bądź otwarty na omawianie opcji cenowych ze swoimi klientami i znajdowanie rozwiązań, które będą korzystne dla obu stron.

Podsumowując, wycena usług fotograficznych wymaga dokładnego rozważenia kosztów, wartości, trendów rynkowych i potrzeb klienta. Rozumiejąc swoje wydatki, ceniąc swój czas i wiedzę, badając rynek, oferując przejrzyste pakiety cenowe i dostosowując się do preferencji klientów, możesz ustalić ceny, które będą uczciwe, konkurencyjne i zrównoważone dla Twojej firmy fotograficznej. Więc śmiało, przeanalizuj te liczby i pewnie wyceń swoje usługi fotograficzne, aby odzwierciedlały wartość, jaką wnosisz do swoich klientów!

Marketing siebie jako fotografa

Przyjrzyjmy się skutecznym strategiom promowania siebie jako fotografa i przyciągania klientów do Twojej firmy. W dzisiejszym konkurencyjnym krajobrazie istotne jest, aby wyróżniać się i prezentować potencjalnym klientom swój niepowtarzalny styl i wiedzę.

Po pierwsze, stwórz profesjonalną obecność w Internecie. Zainwestuj w dobrze zaprojektowaną stronę internetową, która prezentuje Twoje portfolio, usługi, ceny i dane kontaktowe. Twoja witryna internetowa często stanowi pierwsze wrażenie, jakie potencjalni klienci będą mieli na temat Twojej firmy, więc upewnij się, że odzwierciedla tożsamość Twojej marki i prezentuje Twoją najlepszą pracę.

Zoptymalizuj swoją witrynę pod kątem wyszukiwarek (SEO), aby poprawić swoją widoczność w Internecie. Używaj odpowiednich słów kluczowych, metatagów i opisów, aby pomóc potencjalnym klientom znaleźć Cię, gdy będą szukać fotografów w Twojej okolicy lub niszy. Rozważ założenie bloga, na którym będziesz mógł dzielić się spostrzeżeniami, wskazówkami i historiami zza kulis swojej pracy fotograficznej, co może również pomóc w ulepszeniu SEO Twojej witryny.

Wykorzystaj media społecznościowe, aby nawiązać kontakt z odbiorcami i promować swoją pracę. Wybierz platformy, które odpowiadają Twojej docelowej grupie odbiorców i niszy fotograficznej, takie jak Instagram, Facebook, Pinterest lub LinkedIn. Regularnie udostępniaj swoje zdjęcia, nawiązuj kontakt ze swoimi obserwatorami i używaj hashtagów, aby zwiększyć swój zasięg i przyciągnąć nowych klientów.

Nawiąż kontakty z innymi specjalistami z Twojej branży i społeczności. Weź udział w wydarzeniach branżowych, dołącz do grup i forów fotograficznych oraz współpracuj z innymi fotografami, modelkami, stylistami i sprzedawcami. Budowanie silnych relacji z innymi specjalistami może prowadzić do rekomendacji, współpracy i nowych możliwości dla Twojej firmy.

Oferuj zachęty za polecenia, aby zachęcić zadowolonych klientów do rozpowszechniania informacji o Twoich usługach. Rozważ zaoferowanie rabatów, gratisów lub innych nagród klientom, którzy polecają Ci nową firmę. Marketing szeptany ma niesamowitą moc i może pomóc Ci przyciągnąć wysokiej jakości klientów, którzy chętniej zaufają rekomendacjom znajomych lub rodziny.

Rozważ nawiązanie współpracy z lokalnymi firmami lub organizacjami, aby dotrzeć do nowych odbiorców. Zaproponuj wystawienie swoich prac w kawiarniach, butikach lub innych miejscach sprzedaży detalicznej lub współpracuj z lokalnymi firmami przy specjalnych promocjach lub wydarzeniach. Budowanie partnerstwa z uzupełniającymi się firmami może pomóc Ci w dotarciu do nowych klientów i wzmocnieniu marki w Twojej społeczności.

Wreszcie, zawsze zapewniaj wyjątkową obsługę klienta i przekraczaj oczekiwania swoich klientów. Zadowoleni klienci chętniej polecają Cię innym i sami stają się stałymi klientami. Skoncentruj się na budowaniu pozytywnych relacji z klientami, dostarczaniu wysokiej jakości pracy i zapewnianiu wyjątkowych doświadczeń od początku do końca.

Podsumowując, promowanie siebie jako fotografa wymaga połączenia strategii online i offline, w tym budowy profesjonalnej strony internetowej, wykorzystania mediów społecznościowych, nawiązywania kontaktów z innymi profesjonalistami, oferowania zachęt za polecenia, współpracy z lokalnymi firmami i zapewniania wyjątkowej obsługi klienta. Prezentując swój niepowtarzalny styl i wiedzę, budując silne relacje z odbiorcami i konsekwentnie dostarczając wysokiej jakości prace, możesz przyciągnąć nowych klientów i rozwijać swoją działalność fotograficzną. Więc śmiało, wyjdź na zewnątrz i śmiało promuj swoje usługi fotograficzne na całym świecie!

Budowanie silnej obecności w Internecie: strona internetowa i media społecznościowe

W porządku, porozmawiajmy o tym, jak stworzyć zabójczą obecność w Internecie, która będzie prezentować Twoją firmę fotograficzną i przyciągać potencjalnych klientów. Twoja witryna internetowa i obecność w mediach społecznościowych to kluczowe elementy Twojej obecności w Internecie, więc przyjrzyjmy się kilku luźnym wskazówkom dotyczącym mowy, aby zabłysnąć.

Po pierwsze, Twoja witryna internetowa to cyfrowa witryna sklepowa, więc upewnij się, że jest dopracowana, profesjonalna i łatwa w nawigacji. Wybierz czysty i nowoczesny projekt, który podkreśli Twoją najlepszą pracę i odzwierciedli tożsamość Twojej marki. Zaprezentuj swoje portfolio w widocznym miejscu na stronie głównej i ułatw odwiedzającym skontaktowanie się z Tobą lub zapytanie o Twoje usługi.

Jeśli chodzi o media społecznościowe, wybierz platformy, które odpowiadają Twojej docelowej grupie odbiorców i niszy fotograficznej. Niezależnie od tego, czy jest to Instagram, Facebook, Pinterest czy LinkedIn, skup się na platformach, na których Twoi potencjalni klienci są najbardziej aktywni. Regularnie udostępniaj swoje zdjęcia, nawiązuj kontakt ze swoimi obserwatorami i używaj hashtagów, aby zwiększyć swoją widoczność i przyciągnąć nowych obserwujących.

Skorzystaj ze swojej witryny internetowej i platform mediów społecznościowych, aby opowiedzieć swoją historię i zaprezentować swoją osobowość. Dziel się spostrzeżeniami zza kulis swojej pracy, osobistymi anegdotami i spostrzeżeniami na temat procesu twórczego. Pomaga to humanizować Twoją markę i budować relacje z odbiorcami, zwiększając prawdopodobieństwo, że Ci zaufają i zarezerwują Twoje usługi.

Spójność jest kluczem do utrzymania obecności w Internecie. Regularnie aktualizuj swoją witrynę, dodając nowe zdjęcia, wpisy na blogu lub referencje, aby była świeża i wciągająca. Podobnie, publikuj regularnie posty w mediach społecznościowych, aby być na bieżąco z odbiorcami i utrzymywać ich zaangażowanie w Twoje treści.

Kontaktuj się z odbiorcami w mediach społecznościowych, szybko odpowiadając na komentarze, wiadomości i wzmianki. Nawiązuj kontakt z innymi użytkownikami, lajkując, komentując i udostępniając ich treści, a także współpracuj z innymi profesjonalistami z Twojej branży lub społeczności, aby zwiększyć swój zasięg i przyciągnąć nowych obserwujących.

Korzystaj z analiz i spostrzeżeń, aby śledzić ruch w witrynie i wydajność mediów społecznościowych. Zwróć uwagę na to, jakie rodzaje treści najbardziej przemawiają do Twoich odbiorców i odpowiednio dostosuj swoją strategię. Eksperymentuj z różnymi czasami publikacji, formatami treści i hashtagami, aby zoptymalizować zasięg i zaangażowanie.

Na koniec nie zapomnij zaprezentować swojej wiedzy i autorytetu w swojej dziedzinie. Dziel się wskazówkami, samouczkami i spostrzeżeniami związanymi z fotografią na swojej stronie internetowej i na platformach mediów społecznościowych, aby zyskać pozycję zaufanego źródła informacji i lidera w swojej niszy.

Podsumowując, budowanie silnej obecności w Internecie wymaga połączenia dopracowanej strony internetowej i aktywnej obecności w mediach społecznościowych. Prezentując swoje najlepsze prace, dzieląc się swoją historią, nawiązując kontakt z odbiorcami i demonstrując swoją wiedzę, możesz przyciągnąć potencjalnych klientów i rozwijać swój biznes fotograficzny w Internecie. Więc śmiało, wprowadź te luźne wskazówki w życie i stwórz zabójczą obecność w Internecie, która wyróżni Cię na tle konkurencji!

Radzenie sobie z odrzuceniem i krytyką z wdziękiem

W porządku, porozmawiajmy o tym, jak radzić sobie z odrzuceniem i krytyką w świecie fotografii, zachowując równowagę i profesjonalizm. Otrzymywanie informacji zwrotnej, niezależnie od tego, czy jest negatywna, czy konstruktywna, jest naturalną częścią procesu twórczego, a nauczenie się, jak sobie z nią radzić z wdziękiem, jest niezbędne dla rozwoju i odporności.

Po pierwsze, należy pamiętać, że odrzucenie i krytyka nie są atakami osobistymi. Są to po prostu możliwości uczenia się i doskonalenia. Zamiast brać krytykę do siebie, spróbuj podejść do niej z otwartym umysłem i chęcią uczenia się. Pamiętaj, że gust i preferencje każdego są subiektywne i nie każdy doceni lub zrozumie Twoją pracę – i to jest w porządku!

Otrzymując krytykę, skup się na konstruktywnych informacjach zwrotnych – spostrzeżeniach i sugestiach, które mogą pomóc Ci rozwijać się i doskonalić jako fotograf. Słuchaj uważnie, co inni mają do powiedzenia na temat Twojej pracy i bądź otwarty na różne perspektywy i pomysły. Zastanów się, jak możesz wykorzystać tę informację zwrotną do udoskonalenia swoich umiejętności, eksperymentowania z nowymi technikami lub odkrywania różnych kierunków twórczych.

Ważne jest również rozwijanie odporności i pozytywnego nastawienia w obliczu odrzucenia lub krytyki. Zamiast rozwodzić się nad negatywnymi aspektami, skup się na możliwościach rozwoju i samodoskonalenia, które wynikają z tych doświadczeń. Wykorzystaj odmowę i krytykę jako motywację do jeszcze większego wysiłku, pracy nad swoimi słabościami i dążenia do doskonałości w swoim rzemiośle.

Zachowuj profesjonalizm i wdzięk w kontaktach z innymi, nawet w obliczu odrzucenia lub krytyki. Unikaj przyjmowania postawy obronnej lub konfrontacyjnej, a zamiast tego reaguj pokorą, wdzięcznością i chęcią uczenia się. Podziękuj tej osobie za opinię i daj jej znać, że doceniasz jej spostrzeżenia i weźmiesz je pod uwagę w przyszłości.

Pamiętaj, że odrzucenie i krytyka to nie koniec świata – to tylko wyboje na drodze do sukcesu. Wykorzystaj je jako okazję do rozwoju, nauki i stania się lepszym fotografem. Skoncentruj się na swoich celach, wierz w siebie i swoje możliwości i nie pozwól, aby niepowodzenia lub negatywne opinie powstrzymały Cię od kontynuowania swojej pasji, jaką jest fotografia.

Podsumowując, umiejętne radzenie sobie z odrzuceniem i krytyką jest niezbędne dla rozwoju i odporności fotografa. Podchodząc do informacji zwrotnej z otwartym umysłem, koncentrując się na konstruktywnej krytyce, utrzymując pozytywne nastawienie i odpowiadając z profesjonalizmem i wdziękiem, możesz zamienić odrzucenie i krytykę w szansę na naukę, rozwój i samodoskonalenie. Więc śmiało, przyjmuj opinie z otwartym sercem i pozwól, aby popychały Cię do przodu w Twojej fotograficznej podróży!

Ciągłe uczenie się: warsztaty, kursy i zasoby

Przyjrzyjmy się znaczeniu ciągłego uczenia się w dziedzinie fotografii oraz temu, jak warsztaty, kursy i inne zasoby mogą pomóc Ci w doskonaleniu umiejętności, pozostaniu zainspirowanym i nadążaniu za trendami branżowymi.

Po pierwsze, inwestowanie w warsztaty, kursy i inne zasoby edukacyjne to fantastyczny sposób na poszerzenie swojej wiedzy i doświadczenia w fotografii. Niezależnie od tego, czy jesteś początkującym, który chce opanować podstawy, czy doświadczonym fotografem, który chce udoskonalić swoje umiejętności lub poznać nowe techniki, zawsze znajdziesz coś nowego do nauczenia się.

Warsztaty i kursy oferują praktyczne doświadczenia edukacyjne prowadzone przez doświadczonych instruktorów, którzy mogą dostarczyć cennych spostrzeżeń, informacji zwrotnych i wskazówek. Zapewniają możliwość uczenia się od ekspertów w tej dziedzinie, nawiązywania kontaktu z innymi fotografami i zdobywania praktycznego doświadczenia poprzez realne zadania i projekty.

Kursy i samouczki online cieszą się w ostatnich latach coraz większą popularnością, oferując elastyczność i wygodę zapracowanym fotografom. Platformy takie jak Udemy, Skillshare i CreativeLive oferują szeroką gamę kursów obejmujących wszystko, od podstaw obsługi aparatu po zaawansowane techniki edycji, dzięki czemu możesz uczyć się we własnym tempie w zaciszu własnego domu.

Oprócz formalnych warsztatów i kursów w Internecie dostępnych jest także wiele bezpłatnych zasobów, w tym artykuły, blogi, podcasty i kanały YouTube poświęcone poradom fotograficznym, samouczkom i inspiracjom. Skorzystaj z tych zasobów, aby być na bieżąco z trendami w branży, uczyć się nowych technik i odkrywać kreatywne pomysły na własną pracę.

Nie zapominaj o wartości uczenia się od rówieśników i innych fotografów. Dołączanie do grup i społeczności fotograficznych, zarówno online, jak i osobiście, zapewnia możliwość dzielenia się wiedzą, wymiany opinii i współpracy nad projektami. Otaczanie się wspierającą społecznością osób o podobnych poglądach może być niezwykle motywujące i wzbogacające w Twojej fotograficznej podróży.

Na koniec nie zapominaj o znaczeniu praktyki i eksperymentów w procesie uczenia się. Wykorzystaj wiedzę i umiejętności zdobyte podczas warsztatów, kursów i zasobów we własnych projektach i zadaniach fotograficznych. Eksperymentuj z różnymi technikami, tematami i stylami i nie bój się przesuwać granic swojej kreatywności.

Podsumowując, ciągłe uczenie się jest niezbędne do rozwoju fotografa. Inwestując w warsztaty, kursy i inne zasoby, uczestnicząc w społecznościach internetowych oraz eksperymentując i praktykując, możesz doskonalić swoje umiejętności, czerpać inspirację i nadążać za trendami branżowymi. Zatem śmiało, wykorzystuj każdą okazję do nauki i rozwoju oraz obserwuj, jak rosną Twoje umiejętności fotograficzne i pewność siebie!

Pozostań zainspirowany: odkrywanie innych form sztuki

Zagłębmy się w cudowny świat poszukiwania inspiracji, odkrywając inne formy sztuki poza fotografią. Czerpanie z różnych dziedzin twórczych może napełnić Twoją fotografię świeżymi pomysłami, perspektywami i technikami, utrzymując dynamikę i innowacyjność Twojej pracy.

Po pierwsze, zanurz się w świat sztuk wizualnych, odwiedzając galerie sztuki, muzea i wystawy. Poznaj różne gatunki, style i ruchy, od klasycznych obrazów po współczesne instalacje. Zwróć uwagę na kompozycję, kolor, oświetlenie i techniki opowiadania historii stosowane w różnych dziełach sztuki i zastanów się, w jaki sposób możesz włączyć te elementy do własnej fotografii.

Nie ograniczaj się do sztuk wizualnych – poznaj inne kreatywne media, takie jak muzyka, literatura, film, taniec i teatr. Każda forma sztuki oferuje unikalne spostrzeżenia i emocje, które mogą zainspirować Twoje fotografie w nieoczekiwany sposób. Słuchaj muzyki, która wywołuje określony nastrój lub emocję i przekładaj ją na obrazy wizualne poprzez swoje zdjęcia. Czytaj książki lub poezję, które pobudzą Twoją wyobraźnię i wykorzystuj je jako inspirację do koncepcyjnych sesji zdjęciowych. Oglądaj filmy lub występy, które Cię urzekają i czerpią inspirację z technik opowiadania historii i estetyki wizualnej.

Eksperymentuj ze współpracą interdyscyplinarną, współpracując z artystami z innych dyscyplin. Współpracuj z muzykami, tancerzami, aktorami i pisarzami, aby tworzyć projekty multimedialne łączące fotografię z innymi formami sztuki. Współpraca z artystami z różnych środowisk może wnieść do Twoich fotografii nowe perspektywy, pomysły i twórczą energię, otwierając ekscytujące możliwości eksploracji i eksperymentów.

Zrób sobie przerwę od fotografii i zajmij się praktycznymi zajęciami twórczymi, takimi jak rysowanie, malowanie, rzeźbienie lub rękodzieło.

Praca rękami w różnych mediach może pobudzić Twoją kreatywność i pomóc Ci spojrzeć na świat z nowej perspektywy. Eksperymentuj z różnymi teksturami, kolorami i materiałami i włączaj elementy tych wrażeń dotykowych do swoich fotografii, aby dodać głębi i wymiaru swoim obrazom.

Wreszcie, potraktuj piękno natury i otaczającego Cię świata jako źródło inspiracji. Wybierz się na spacer na świeżym powietrzu, obserwuj zmieniające się pory roku i rozkoszuj się widokami, dźwiękami i zapachami świata przyrody. Używaj aparatu jako narzędzia do eksploracji i odkrywania, uchwyć piękno i cuda świata na swój własny, niepowtarzalny sposób.

Podsumowując, szukanie inspiracji w innych formach sztuki to skuteczny sposób na pobudzenie kreatywności i zachowanie świeżości i ekscytacji fotografii. Eksplorując sztuki wizualne, muzykę, literaturę, film, taniec, teatr i praktyczne działania twórcze, możesz poszerzyć swoje horyzonty artystyczne, odkryć nowe pomysły i techniki oraz nadać swoim fotografiom głębię, emocje i znaczenie. Zatem śmiało, odkrywaj, eksperymentuj i pozwól, aby piękno sztuki zainspirowało Cię do fotograficznej podróży!

Konserwacja sprzętu: wskazówki dotyczące czyszczenia i przechowywania

Przyjrzyjmy się kilku niezbędnym wskazówkom, jak utrzymać sprzęt fotograficzny w doskonałym stanie, aby mógł działać w najlepszym stanie przez wiele lat.

Po pierwsze, regularne czyszczenie jest kluczem do zapobiegania gromadzeniu się kurzu, brudu i zanieczyszczeń na Twoim sprzęcie. Do usunięcia kurzu i brudu z korpusu aparatu, obiektywów i innego sprzętu użyj pędzla z miękkim włosiem lub dmuchawki. Zachowaj ostrożność podczas czyszczenia delikatnych części, takich jak czujnik lub elementy obiektywu, aby uniknąć ich zarysowania lub uszkodzenia.

W przypadku bardziej uporczywych zabrudzeń lub smug użyj ściereczki z mikrofibry lekko zwilżonej roztworem do czyszczenia soczewek lub alkoholem izopropylowym. Unikaj stosowania agresywnych środków chemicznych lub materiałów ściernych, ponieważ mogą one uszkodzić delikatne powłoki obiektywów i korpusu aparatu.

Nie zapomnij również regularnie czyścić torby lub etui na aparat. Kurz i inne zanieczyszczenia mogą gromadzić się wewnątrz torby i przenosić na sprzęt, dlatego należy ją okresowo opróżniać i wycierać wnętrze wilgotną szmatką.

Do przechowywania sprzętu wybierz czyste, suche i dobrze wentylowane miejsce, z dala od bezpośredniego światła słonecznego i ekstremalnych temperatur. Rozważ inwestycję w dedykowaną szafkę, futerał lub pudełko do przechowywania, aby Twój sprzęt był uporządkowany i chroniony, gdy nie jest używany.

Przechowuj obiektywy i korpusy aparatu z założonymi osłonami obiektywu i osłonami korpusu, aby chronić je przed kurzem i wilgocią. Jeśli masz wiele soczewek, przechowuj je w pozycji pionowej lub na boku, aby zapobiec ich przesuwaniu się i potencjalnemu uszkodzeniu.

Zainwestuj w dekielki obiektywu i korpusu aparatu, osłony obiektywu i filtry ochronne, aby zapewnić dodatkową warstwę ochrony sprzętu, gdy nie jest używany. Akcesoria te mogą pomóc w zapobieganiu zadrapaniom, wgnieceniom i innym uszkodzeniom, które mogą wystąpić podczas transportu lub przechowywania.

Rozważ użycie saszetek z żelem krzemionkowym lub osuszaczy w torbie na aparat lub w miejscu do przechowywania, aby pomóc kontrolować wilgoć i zapobiec rozwojowi pleśni. Regularnie wymieniaj saszetki z żelem krzemionkowym lub ładuj je w razie potrzeby, aby utrzymać ich skuteczność.

Wreszcie, nie zaniedbuj regularnej konserwacji i serwisowania swojego sprzętu. Zaplanuj rutynowe kontrole i czyszczenie z profesjonalnym technikiem zajmującym się kamerami, aby upewnić się, że Twój sprzęt działa prawidłowo i rozwiązać wszelkie problemy, zanim się eskalują.

Podsumowując, konserwacja sprzętu fotograficznego wymaga regularnego czyszczenia, odpowiedniego przechowywania i okazjonalnej konserwacji. Postępując zgodnie z tymi wskazówkami i włączając je do swojej rutyny, możesz utrzymać swój sprzęt w doskonałym stanie i mieć pewność, że będzie działał w najlepszym stanie przez wiele lat. Zatem śmiało, okaż trochę miłości swojemu sprzętowi, a za każdym razem będzie on nagradzał Cię pięknymi obrazami!

Radzenie sobie z wypaleniem i blokadą twórczą

Przyjrzyjmy się niektórym strategiom przezwyciężania wypalenia zawodowego i blokad twórczych, abyś mógł na nowo rozpalić swoją pasję do fotografii i wrócić do tworzenia niesamowitych prac.

Po pierwsze, ważne jest, aby rozpoznać oznaki wypalenia zawodowego i dać sobie pozwolenie na przerwę, gdy zajdzie taka potrzeba. Słuchaj swojego ciała i umysłu – jeśli czujesz się wyczerpany, przytłoczony lub pozbawiony inspiracji, możesz cofnąć się i naładować akumulatory.

Poświęć czas na czynności pielęgnacyjne i relaksacyjne, które pomogą Ci się zrelaksować i odstresować. Niezależnie od tego, czy wybierasz się na spacer na łono natury, ćwiczysz uważność lub medytację, czytasz książkę, czy spędzasz czas z bliskimi, traktuj priorytetowo zajęcia, które przynoszą ci radość i odmładzają ducha.

Spróbuj zidentyfikować pierwotne przyczyny wypalenia zawodowego i aktywnie im zaradzić. Czy bierzesz na siebie za dużo pracy? Czy zaniedbujesz swoje zdrowie fizyczne lub psychiczne? Czy odczuwasz stagnację twórczą lub brak inspiracji? Kiedy już zrozumiesz, co przyczynia się do Twojego wypalenia zawodowego, możesz podjąć kroki, aby wprowadzić pozytywne zmiany i odzyskać równowagę w swoim życiu.

Eksperymentuj z nowymi technikami, tematami i stylami, aby przełamać twórcze koleiny i wzbudzić inspirację. Podejmij wyzwanie, spróbuj czegoś innego i wyjdź poza swoją strefę komfortu. Weź udział w warsztatach fotograficznych, odkryj nowe miejsce lub współpracuj z innymi artystami, aby dodać świeżej energii do swojej pracy.

Stwórz wspierające i pielęgnujące środowisko, w którym Twoja kreatywność będzie mogła się rozwijać. Otaczaj się pozytywnymi wpływami, niezależnie od tego, czy są to inni fotografowie, mentorzy czy przyjaciele, którzy rozumieją i doceniają Twoją twórczą podróż. Dziel się swoimi zmaganiami i doświadczeniami z innymi, a w razie potrzeby szukaj wsparcia i zachęty.

Ćwicz współczucie i cierpliwość wobec siebie w chwilach twórczej blokady. Pamiętaj, że kreatywność przypływa i odpływa i nie ma nic złego w okresach niskiej inspiracji i produktywności. Bądź dla siebie dobry i ufaj, że Twoja twórcza iskra powróci w odpowiednim czasie. Wyznaczaj sobie realistyczne cele i oczekiwania oraz dziel większe projekty na mniejsze, łatwe do wykonania zadania. Świętuj małe zwycięstwa i postępy po drodze i nie bądź dla siebie zbyt surowy, jeśli sprawy nie pójdą zgodnie z planem. Pamiętaj, że każda porażka jest szansą na rozwój i naukę.

Wreszcie, nie bój się szukać profesjonalnej pomocy, jeśli zmagasz się z wypaleniem zawodowym lub problemami ze zdrowiem psychicznym. Porozmawiaj z terapeutą lub doradcą, który może zapewnić wskazówki i wsparcie dostosowane do Twoich potrzeb. Pamiętaj, że możesz poprosić o pomoc, kiedy jej potrzebujesz, a dbanie o swoje zdrowie psychiczne jest niezbędne dla ogólnego dobrego samopoczucia.

Podsumowując, przezwyciężenie wypalenia zawodowego i blokad twórczych wymaga samoświadomości, dbania o siebie i chęci odkrywania nowych pomysłów i podejść. Poświęcając czas na odpoczynek i regenerację sił, eksperymentując z nowymi technikami, szukając wsparcia u innych i ćwicząc współczucie, możesz na nowo rozpalić swoją pasję do fotografii i na nowo odkryć radość tworzenia. Zatem śmiało, wyrusz w podróż i zaufaj, że Twoja kreatywność ponownie rozkwitnie!

Świętuj swoje postępy i osiągnięcia

Poświęćmy chwilę, aby docenić i uczcić Twoje postępy i osiągnięcia jako fotografa. Niezależnie od tego, czy dopiero zaczynasz swoją podróż, czy doskonalisz swoje rzemiosło od lat, ważne jest, aby doceniać i świętować kamienie milowe i sukcesy po drodze.

Po pierwsze, poświęć trochę czasu na zastanowienie się nad tym, jak daleko zaszedłeś, odkąd po raz pierwszy wziąłeś do ręki aparat. Pochwal się zdobytymi umiejętnościami, pokonanymi wyzwaniami i rozwojem, jakiego doświadczyłeś jako fotograf. Doceń poświęcenie, pasję i ciężką pracę, które włożyłeś w realizację swojej twórczej wizji.

Świętuj swoje osiągnięcia, bez względu na to, czy są duże, czy małe. Niezależnie od tego, czy chodzi o uchwycenie zapierającego dech w piersiach krajobrazu, wykonanie wymagającej sesji zdjęciowej, czy uznanie za swoją pracę, bądź dumny ze swoich osiągnięć i wysiłku, jaki włożyłeś w ich osiągnięcie. Świętuj z przyjaciółmi, rodziną lub innymi fotografami, którzy mogą dzielić się twoją radością i ekscytacją.

Nie zapomnij uczcić samej podróży – chwil inspiracji, wyciągniętych wniosków i wspomnień zdobytych po drodze. Fotografia to coś więcej niż tylko końcowe zdjęcia – to doświadczenia, powiązania i historie, które za nimi stoją. Poświęć trochę czasu, aby delektować się procesem tworzenia i udostępniania swojej pracy innym.

Poświęć czas na stworzenie wizualnego zapisu swoich postępów i osiągnięć. Utwórz portfolio lub galerię swoich najlepszych prac w Internecie lub w formie drukowanej, która pokaże, jak Twoje umiejętności i styl ewoluowały na przestrzeni czasu. Wykorzystaj to jako przypomnienie tego, ile już osiągnąłeś i jako motywację do dalszego rozwoju.

Świętuj także sukcesy innych osób w społeczności fotograficznej. Podziel się swoim podziwem i wsparciem dla innych fotografów, którzy Cię inspirują, lajkując, komentując lub udostępniając ich prace w mediach społecznościowych, a także uczestnicząc w ich wystawach lub wydarzeniach. Budowanie wspierającej i współpracującej społeczności może zwiększyć Twój sukces i zapewnić więcej radości i spełnienia w Twojej podróży fotograficznej.

Na koniec pamiętaj, aby celebrować chwile radości, zachwytu i piękna, jakie fotografia wnosi do Twojego życia. Niezależnie od tego, czy chcesz uchwycić ulotną chwilę naturalnego piękna, wyrazić swoją kreatywność poprzez swoją pracę, czy też nawiązać kontakt z innymi za pomocą zdjęć, poświęć trochę czasu, aby docenić magię fotografii i radość, jaką wnosi do Twojego życia.

Podsumowując, świętowanie swoich postępów i osiągnięć jako fotografa jest ważnym elementem utrzymania motywacji, inspiracji i spełnienia w Twojej twórczej podróży. Poświęcając czas na refleksję nad tym, jak daleko zaszedłeś, doceniając swoje osiągnięcia i dzieląc się radością z innymi, możesz pielęgnować poczucie dumy, wdzięczności i spełnienia w swojej praktyce fotograficznej. Więc śmiało, świętuj swoje sukcesy i staraj się osiągać nowe szczyty w swojej fotograficznej podróży!

www.ingramcontent.com/pod-product-compliance
Lightning Source LLC
Chambersburg PA
CBHW050234230526
45470CB00005B/1943